일본 최초의 여왕
스이코

일본 최초의 여왕 스이코

2011년 8월 16일 초판 1쇄 인쇄
2011년 8월 24일 초판 1쇄 발행

글 김은희 / 그림 투리아트
펴낸이 이철규 / 펴낸곳 북스
편집 김세영 / 편집디자인 박근영 / 마케팅 김종열

편집부 02-336-7634 / 영업부 02-336-7613 / FAX 02-336-7614
전자우편 vooxs2004@naver.com / 등록번호 제313-2004-00245호 / 등록일자 2004년 10월 18일

주소 서울특별시 광진구 자양4동 52-197번지 2층
값 9,800원
ISBN 978-89-6519-023-3 74800
     978-89-91433-70-0 (세트)

잘못된 서적은 구입하신 서점에서 교환하여 드립니다.
이 책은 저작권법에 의해 보호를 받는 저작물이므로 불법 복제와
스캔 등 무단 전재 및 유포·공유를 금합니다

일본 최초의 여왕
스이코

카시기야 공주가 스이코 여왕이 되기까지!

지효가 벌써 두 개의 구슬을 찾았네요. 세 번째 구슬이 있는 곳은 다름 아닌 일본! 아주 귀에 익은 이름이지요?

아직 온전한 국가의 형태가 잡히지 않은 고대의 일본에서 지효와 세넨무트를 기다리고 있는 사람은 백제인의 피가 흐르지만 너무나도 일본을 사랑한 카시기야 공주입니다. 또한 그녀를 사랑하는 외골수 무인 아나호베 왕자도 있지요. 그 둘 사이에는 과연 어떤 사연이 있을까요?

사막에서 고생하던 지효는 비록 시대는 다르지만 조국과 가까운 일본에 와서 아주 신이 납니다. 하지만 세넨무트도 그럴지는 알 수 없지요. 둘은 여전히 티격태격 싸운답니다. 심술 맞은 세넨무트는 지효가 마음에 들지 않고, 지효 역시 억지로 떠안은 짐 덩어리 세넨무트가 달갑지만은 않습니다.

하지만 많은 모험과 여행을 거듭하면서 둘 사이에는 우정 비슷한 감정 또한 생기게 됩니다. 그것이 나중에 어떻게 자라날지는 계속 지켜봐야 알겠지요?

이 이야기가 궁금하다고요? 그럼 이제 책장을 넘겨 푸른 바다 너머에 있는 고대 일본으로 여행을 떠날 시간이군요.

새로운 여왕 이야기를 좇는 동화작가 김은희

머리말_ 카시기야 공주가 스이코 여왕이 되기까지! 6

섬나라 고대 **일본**으로   10

백제의 후예 **카시기야** 공주   17

고구려의 **승려 담징**의 등장   46

변방에서 돌아온 **아나오베** 왕자   68

진신사리를 모실 절을 지어라! 92

부처가 고이 내리다 113

비다쓰 왕을 구해야 해! 139

야마토 왕국을 위하여 163

여왕의 자긍심을 구슬에 담아 186

부록_ 아스카 문화를 꽃피운 스이코 여왕 192

섬나라 고대 일본으로

　눈부신 빛에 휩싸인 지효와 세넨무트의 몸은 무엇에 끌려 올라가듯 허공으로 휙 날아올랐다가 다음 순간 끝없이 추락하기 시작했다. 그 아찔한 속도감에 지효는 숨이 턱턱 막힐 정도였다.
　"꺄악!"
　지효의 입에서 비명 소리가 터져 나왔다. 하지만 다음 순간 비명은 씻은 듯 사라졌다. 딱딱한 바닥에 발이 닿았기 때문이었다. 슬쩍 눈을 떠 보니 새하얀 공간이 눈앞에 펼쳐져 있었다.
　"또 여기네?"
　두 번째였지만 이음매 하나 없이 완전히 새하얀 공간은 여전히 비현실적이면서 신기했다. 지효는 주변을 두리번거렸다.
　짝짝짝~!

그때 머리 위에서 박수 소리가 들렸다. 올려다보지 않아도 누구인지 알 수 있었다. 고개를 들자 짐작대로 츠야가 뾰족하고 작은 날개를 퍼덕이고 있었다.

"기대보다 아주 잘해 줘서 눈물이 날 지경이야. 이대로만 하면 되겠어."

지효는 무심결에 팔찌를 내려다보았다. 텅 비어 있던 팔찌에 하트셉수트에게서 얻은 용기의 구슬과 제노비아에게서 얻은 지혜의 구슬이 나란히 영롱한 빛을 뿌리고 있었다.

"이 꼬맹이 악마! 어서 날 이집트로 보내 줘!"

그때 세넨무트가 이를 갈며 외쳤다.

"어휴, 시끄러워. 여기는 시공이 왜곡된사차원 세계의 시간과 공간이 실제와 다른 속도로 흘러간다는 물리학적 이론, 이를테면 동굴 같은 곳이란 말이야. 그렇게 소리치면 쩌렁쩌렁 울린다고."

츠야는 짐짓 나무라듯 혀를 찼다. 세넨무트는 다시 한 번 이를 갈았다.

"동굴이든 뭐든 빨리 이집트로 보내달란 말이야. 하트셉수트 여왕님이 날 찾고 있을 거라고."

세넨무트의 말에 츠야는 눈을 동그랗게 떴다.

"응? 그건 또 무슨 소리야? 누가 누굴 찾는다고?"

세넨무트가 손가락으로 지효의 이마를 콕 찔렀다.

"이 녀석이 날 억지로 끌고 왔다니까. 대체 몇 번을 말해? 너 바보야?"

지효는 눈썹 사이를 슬쩍 찡그리며 세넨무트의 손가락을 탁 치워

냈다.

"야, 내가 널 끌고 온 건 사실이지만 거기에는 그럴 만한 사정이 있었다니까."

"사정은 무슨 사정? 보나 마나 짝사랑하고 연결되고 싶은데 벌여 놓은 사고가 수습이 안 되니까 억지로 날 끼워 넣은 거지."

"그런 거 아니거든?"

"아니긴 뭐가 아니야? 네가 가끔씩 그 녀석을 보듯 날 아련하게 보는 거 알고 있어. 그 눈빛 정말 마음에 안 들어. 짜증 난다고."

"그, 그건……."

세넨무트가 사납게 소리치자 지효는 입술을 깨물었다. 그의 말이 틀리지 않았기 때문이었다.

'그러게 왜 똑같이 생겨서는 사람 맘을 뒤집어?'

지효는 슬쩍 시선을 돌리며 중얼거렸다. 고개를 완전히 돌렸지만 뒤통수에는 여전히 세넨무트의 눈초리가 느껴졌다.

"어? 이상하다. 내가 알기론 그게 아닌데?"

그때 츠야의 음성이 끼어들었다. 츠야는 지효와 세넨무트 사이를 파닥파닥 날며 말했다.

"지효가 널 데려온 건 오히려 널 보호하기 위…… 으읍!"

"쓸데없는 소리하지 마."

순간 화들짝 놀란 지효가 츠야를 덥석 잡았다. 세넨무트가 눈을 가늘게 뜨고 물었다.

"뭐, 뭐야? 방금 츠야가 무슨 말을 하려던 거야?"

"별 얘기 아니야. 넌 알 필요 없어."

지효는 아무것도 아니라는 듯 고개를 붕붕 저었다.

"나와 관련된 거 아니야?"

"아니야. 절대! 절대 아니야."

지효가 힘주어 고개를 젓자 세넨무트는 점점 수상하다는 듯 눈을 빛내며 다가왔다. 그가 다가오는 속도만큼 지효는 재빨리 뒷걸음질 쳐야 했다.

'이 멍청아, 캐묻지 좀 마. 나 거짓말 못한단 말이야. 네가 끈질기게 물어보면 난 하트셉수트가 널 버렸다는 사실을 말할 수밖에 없어.'

비록 입만 열면 독설을 쏟아 내고, 자존심을 긁어 대지만 지효는 세넨무트가 상처를 받지 않길 바랐다. 오만할 정도로 당당한 그가 눈물을 흘리는 모습은 생각하기도 싫었다. 그것은 세넨무트가 준수와 똑같은 얼굴을 하고 있는 것과는 상관없는 일이었다.

"별것 아니라면 츠야 좀 놓아 주지? 하고 싶은 말이 있나 본데."

"응? 그, 그건 좀 곤란해. 그리고 들어 봐야 별로 중요한 내용도 아닐 거야."

지효는 태연하게 보이려고 애를 썼다. 하지만 자꾸 깜빡이는 눈과 이마에서 흘러내리는 식은땀만큼은 감출 수가 없었다.

지그시 지효를 노려보는 세넨무트의 눈빛이 점점 더 깊게 가라앉았다.

"너 나한테 뭐 속이는 거 있지?"

"그런 게 있을 리가 없…… 아야! 아파!"

갑자기 지효가 뾰족한 비명을 지르며 바닥에 주저앉았다. 활짝 편 손바닥 한가운데가 벌에 쏘인 듯 벌겋게 부어 있었다.

동시에 츠야가 허공으로 재빨리 날아올랐다. 츠야의 얼굴도 지효의 손바닥만큼이나 상기되어 있었다.

"이 무식한 은지효! 내가 모기인 줄 알아? 숨 막혀 죽는 줄 알았단 말이야."

씩씩대는 츠야의 손에는 작은 포크처럼 끝이 세 갈래로 갈라진 뾰족한 창이 들려 있었다.

"너 지금 그걸로 날 찌른 거야? 그거 폭력이야, 폭력! 악마라고 아주 대놓고 나쁜 짓만 골라서 하네."

"그러는 넌? 그나마 찔렸으니까 내가 풀려났지. 안 그랬음 오징어처럼 납작하게 눌렸을 거 아냐? 너야말로 너무해."

"잠깐! 말싸움은 나중에 하고, 하려던 얘기나 계속해 봐."

이마를 맞대고 으르렁거리는 지효와 츠야 사이로 세넨무트의 목소리가 끼어들었다. 하지만 츠야는 이야기할 마음이 싹 가신 듯 콧방귀를 뀌었다.

"얘기는 무슨 얘기? 난 할 말 없어."

츠야의 말에 지효는 안도한 듯 가슴을 쓸어내렸다. 그리고는 짐짓 경쾌한 목소리로 말했다.

"자, 이제 어디로 가야 해? 이번에는 힌트라도 좀 줘."

"흥! 내가 그런 걸 주면 천사지 악마겠어?"

츠야는 손에 들고 있던 포크를 허공에 휘둘렀다. 그러자 하얀 공간이 당장이라도 무너져 내릴 듯 흔들렸다.

"꺄아아아악!"

지효의 입에서 기다란 비명이 튀어나왔다. 하얀 공간이 뒤틀리듯 갈라지며 생긴 구멍으로 몸이 빠져들었기 때문이었다.

엄청난 속도감에 나중에는 비명도 지르지 못했다. 귓전을 스치는 바람은 날카로운 귀곡성을 냈고, 땅에서 보면 솜털처럼 보일 구름은 혹한의 땅처럼 지효의 온몸을 얼어붙게 만들었다.

"으아아아아~!"

그 가운데로 세넨무트의 절규 같은 비명이 들렸다. 겨우 실눈을 뜨자 자신과 별반 다를 바 없는 모양새로 떨어지고 있는 세넨무트가 보였다. 지효는 얼어붙은 팔을 필사적으로 뻗었다. 바로 옆까지 다가온 세넨무트도 이를 악물고 팔을 마주 뻗어 왔다.

"잡았다!"

몇 번의 헛손질 끝에 마침내 손을 맞잡은 두 사람은 입가에 잠깐 동안 미소가 떠올랐다. 하지만 드문드문 깔렸던 구름이 거짓말처럼 사라지자 둘은 동시에 공포에 질렸다. 새파란 바다가 눈앞에 들이닥쳤기 때문이었다.

"저건 바다잖아!"

"안 돼! 나 수영 못한단 말이야!"

백제의 후예 카시기야 공주

　구름 한 점 없는 새파란 하늘 아래 끝없이 펼쳐진 바다 위에는 두 척의 배가 떠 있었다. 한 척은 솜씨 좋은 장인의 손길을 받은 듯 유려하고 날렵한 쾌속선이었고, 다른 한 척은 한눈에 보아도 두툼한 통나무를 대충 깎아 만든 어선이었다.
　쾌속선의 뱃머리에는 열여섯 갈래로 갈라진 국화꽃과 풍요를 상징하는 물고기 형상이 정교하게 새겨져 있었고, 앞머리보다 넓게 퍼진 뒷부분은 햇빛을 피할 수 있는 천이 드리워져 있었다.
　반면 어선은 그야말로 투박하기 짝이 없었다. 오랜 세월 동안 바다 위를 누빈 듯 배 전체가 새카맣게 변색되어 있었고, 바닥에는 조개와 따개비가 어지럽게 붙어 있었다. 닻은 시뻘건 녹이 슬어 있었고, 둘둘 말린 돛은 누렇게 변색된 지 오래였다. 누가 보더라도 두 척의 배는 비교 자체가 불가능했다.

하지만 조금 전 단 한 번의 부딪침의 결과는 충격적이다 못해 참혹했다. 단단하기로 유명한, 자작나무로 만든 쾌속선 허리에 커다란 구멍이 뚫렸던 것이다. 그제야 카시기야는 어선의 앞머리 전체가 단단한 쇠로 뒤덮여 있음을 알아챘다.

"해적선!"

외마디 외침과 함께 어선의 갑판에서 날카로운 작살이 비처럼 날아들었다. 작살의 긴 손잡이 뒤에는 굵은 쇠사슬이 긴 꼬리처럼 매달려 있었다. 그것으로 카시기야 공주의 몇 안 되는 호위병들은 대부분 바다 속으로 사라졌다. 그리고 나머지 호위병들도 고슴도치처럼 내리꽂힌 쾌속선으로 뛰어내린 해적들에 의해 모두 바다에 빠지고 말았다.

"나는 야마토大和, 고대 일본의 국가 명칭의 공주다. 감히 이런 짓을 하고도 살 수 있을 성싶으냐?"

카시기야의 목소리는 눈빛만큼이나 차갑고 냉랭했다. 하지만 어선에서 건너온 해적들은 눈썹 하나 까딱하지 않았다.

"우리도 목숨 걸고 이러고 싶지 않아."

"맞아. 누군 죽고 싶나? 비다쓰 왕敏達 王, 일본의 제 30대 왕이 너무 심하게 나와서 그렇지. 우리도 먹고는 살아야 할 거 아니야?"

해적들이 저마다 한 마디씩 하는 바람에 주변은 잠시 동안 소란스러워졌다. 카시기야는 작은 입술을 악물었다. 그들의 말처럼 오빠이자 왕 비다쓰는 해적들을 소탕하는 데 온 힘을 기울이고 있었다. 덕

분에 백제의 상선들이 야마토를 자유롭게 오갈 수 있게 되었고, 그 배편을 통해 튼튼한 볍씨와 비단, 약재들을 구할 수 있었다.

괴멸에 가까운 타격을 입은 해적들은 목숨이 위태로워지자 왕족의 일원을 인질로 잡아 비다쓰와 협상을 벌일 계획을 세웠고, 그들의 그물에 걸린 것이 바로 카시기야였다.

"이 멍청이들아, 여기서 말싸움할 시간 없어! 비다쓰의 군대가 오기 전에 어서 공주를 묶어!"

해적들 중 누군가 외쳤다. 그와 동시에 소란스러움은 거짓말처럼 사라지고 섬뜩한 침묵이 감돌았다. 어느새 해적들의 손에는 시커멓게 손때가 묻은 굵직한 밧줄이 들려 있었다. 카시기야의 얼굴에 그제야 두려움이 떠올랐다. 넓은 소매 속으로 맞잡은 손이 가늘게 떨렸다.

'하늘님! 조상님! 부처님! 용왕님! 누구라도 좋으니 제발 도와주세요.'

"꺄아아아아악!"

"비켜~!"

카시기야가 마음속으로 간절히 외치는 순간, 어디선가 커다란 비명 소리가 들려왔다. 반사적으로 카시기야는 소리가 나는 쪽으로 시선을 돌렸다. 그 방향은 어이없게도 머리 위였다.

"저, 저게 뭐야?!"

놀랍게도 하늘 위에서 사람이 떨어지고 있었다. 그것도 하나가 아닌 둘이나! 처음에는 손톱보다 작았던 그들이 순식간에 커다래졌다.

"으아악! 저거 뭐야?"

"피, 피해! 부딪힌다!"

해적들도 외마디 비명을 질렀다.

쿠아아앙!

해적들이 몸을 날려 피하는 것과 동시에 정체불명의 두 사람이 갑판으로 떨어졌다. 가뜩이나 구멍이 난 쾌속선은 그들의 속도와 충격을 버티지 못하고 쩍, 소리와 함께 두 동강이 났다. 그리고 하늘에서 떨어진 두 사람은 어마어마한 물기둥을 만들며 그대로 물속으로 가라앉았다.

카시기야는 위로 붕 떠올랐다가 바다 속으로 처박혔다. 하지만 그녀는 놀라거나 당황하지 않았다. 야마토는 섬나라였고, 바다는 그들의 일상 속에서 가장 중요한 부분을 차지하고 있었다. 카시기야는 물에 빠지기 직전 깊게 숨을 들이마시고 바다에 빠지는 순간 오히려 더욱 깊이 헤엄쳐 들어갔다.

'지금이야! 도망쳐야 해. 하늘이 내 소원을 들어줬어.'

하지만 물과 친하기는 해적들 역시 마찬가지였다. 그들은 몇 차례 손을 흔들고 눈빛을 교환한 뒤 카시기야의 뒤를 쫓기 시작했다.

해적들이 빠르게 물살을 가르며 헤엄쳐 다가오자 카시기야는 기겁을 하며 더욱 속력을 냈다. 그런 카시기야의 눈에 방금 전 하늘에서 떨어진 두 사람이 들어왔다. 둘 다 헤엄을 치지 못하는 듯 팔다리를 허우적거리며 괴로워하고 있었다. 입으로는 쉴 새 없이 공기 방울이 뽀글뽀글 뿜어져 나왔다.

"끄으읍!"

수영이라고는 동네 수영장에서 개구리헤엄을 조금 쳐본 게 전부인 지효는 거의 죽기 직전이었다. 떨어지면서 갑판에 부딪힌 정수리는 깨질 듯 아팠고 미처 멈추지 못한 호흡을 통해 코와 입으로 들이닥친 짠물은 단번에 폐에 가득 찬 듯했다. 바다 속은 위아래도 가늠할 수 없어 팔다리를 휘저으면 휘저을수록 점점 더 깊은 물속으로 빠져드는 기분이었다. 그리고 실제로 지효는 수면에서 점점 더 멀어지고 있었다.

세넨무트는 지효보다 더했다. 물이라고는 야자수가 우거진 오아시스에서 하트셉수트와 함께 멱을 감아 본 게 전부인 그에게 난생처음 빠진 바다는 말 그대로 재앙이요, 공포였다. 배가 불룩할 정도로 짠 바닷물을 들이킨 세넨무트가 할 수 있는 일이라고는 지효의 손을 단단히 움켜잡는 게 고작이었다.

지효도 세넨무트의 상태가 심상치 않다는 것을 느끼고 있었다. 그러던 차에 저 멀리서 다가오는 긴 머리의 소녀가 보였다. 차가운 바닷물 때문인지 소녀의 얼굴은 푸른빛을 띨 정도로 창백했고, 긴 머리는 물결치는 바닷물을 따라 이리저리 너울거렸다. 소매가 넓은 옷에 치렁치렁한 치마를 입고 물고기처럼 우아하게 물속을 유영하는 소녀는 딱 인어 공주 그 자체였다. 지효는 필사적으로 자신의 곁을 지나치려는 소녀의 옷자락을 움켜잡았다.

'놔! 놓으라고!'

소매를 붙잡힌 카시기야는 당혹스러운 표정을 지었다. 힐끗 뒤를 돌아보니 인상을 찌푸린 해적들이 빠른 속도로 다가오고 있었다. 카

시기야는 지효를 노려보며 소매를 털어 냈다.

'제발 놔! 구해 주러 왔으면 내가 아니라 해적들 발목을 잡아야지!'

카시기야가 떼어 내려 하면 할수록 지효는 더욱 악착스럽게 옷자락을 붙들고 늘어졌다. 이대로 손을 놓으면 자신과 세넨무트는 꼼짝없이 물귀신이 될 게 뻔했기 때문이었다.

'절대 못 놔!'

지효는 아예 카시기야의 치렁치렁한 옷자락을 팔목에 휘감으며 버텼다. 지효뿐만 아니라 세넨무트도 손가락 사이에 잡힌 카시기야의 하늘하늘한 옷자락을 본능적으로 움켜잡았다. 그 바람에 지효와 세넨무트, 카시기야는 그물에 걸린 물고기들처럼 한 덩어리로 뭉쳐졌다. 그리고 그런 세 사람의 몸에 해적들의 밧줄이 휘감겼다.

해적들에게 질질 끌려 어선의 갑판 위로 내동댕이쳐진 카시기야는 참았던 숨을 토해 내며 마른기침을 했다. 지효와 세넨무트의 상태는 그보다 더 나빴다. 세넨무트는 짠물을 한 바가지 토한 후 미역 줄기처럼 널브러졌고, 지효는 노란 물이 나올 때까지 헛구역질을 했다.

"하늘에서 사람이 떨어지다니……."

"넋 놓고 있을 시간 없어! 당장 공주를 선실에 가둬!"

"그래. 또 무슨 일이 일어나기 전에 빨리 이곳을 뜨자고."

세 사람을 물에서 건져 낸 해적들이 일제히 떠들어 댔다. 그 가운데 누군가 물었다.

"그런데 저 두 꼬맹이는 어떻게 하지?"

순간 해적들의 시선이 일제히 지효와 세넨무트에게로 향했다가 푸른 하늘로 향했다. 누군가 작게 중얼거렸다.

"천인……인가?"

한 해적이 고개를 흔들며 외쳤다.

"천인은 무슨! 일단 공주랑 같이 가둬!"

쿵!

선실 안에 던져진 뒤에야 카시기야는 완전히 정신을 차릴 수 있었다.

"맙소사! 거의 다 도망쳤는데……. 열어! 열란 말이야!"

카시기야는 벌떡 일어나 문으로 달려갔다. 그리고 있는 힘껏 문을 흔들었다. 하지만 아무리 흔들고 걷어차도 밖에서 걸어 잠근 문은 꼼짝도 하지 않았다.

한동안 문에 화풀이를 하던 카시기야가 고개를 홱 돌려 함께 갇힌 두 사람을 바라보았다.

머리가 짧은 소녀는 오랜 시간 바다에 빠져 창백해진 것만 빼면 자신과 비슷한 얼굴빛을 가졌고, 소년은 오랜 시간 바닷가에서 살아온 어부들보다 더 짙은 피부색에 뾰족한 콧날을 가지고 있었다. 하늘에서 떨어진 사람들답게 처음 보는 옷차림에 가죽끈을 발목까지 동여맨 이상한 신발을 신고 있었다.

그중에서도 가장 특이한 것은 소녀의 손목에 채워진 팔찌였다. 팔찌에는 지금까지 카시기야가 보았던 것 중 가장 영롱한 빛을 발하는 두 개의 보석이 박혀 있었다. 그 옆에는 아직 채워지지 않은 세 개의 빈 구멍이 나 있었다.

카시기야가 팔찌로부터 시선을 돌릴 때 즈음, 짧은 머리의 소녀가 정신을 차린 듯 신음 소리를 내며 깨어났다.

"아우, 머리야……."

지효는 눈을 뜨자마자 주먹만 한 혹을 만지며 툴툴거리다가 정신을 잃기 전 상황을 떠올리고는 비명처럼 외쳤다.

"맞다, 세넨무트!"

다행히 세넨무트는 바다 속으로 사라지지 않고 바로 옆에 얌전히 누워 있었다. 살아 있는 것을 증명하려는 듯 그의 가슴은 규칙적으로 오르락내리락하고 있었다.

그제야 안도의 한숨을 내쉰 지효는 맞은편에서 자신을 뚫어져라 바라보고 있는 한 소녀를 발견했다. 진주처럼 뽀얀 얼굴에 치렁치렁한 옷, 그리고 허리까지 내려오는 긴 머리…….

"넌 아까 그 인어!"

"난 인어가 아니라 야마토의 카시기야 공주야. 그러는 너희들은 대체 뭐야? 뭔데 갑자기 나타나서 구해 줬다가 발목을 잡았다가 하는 거야?"

카시기야가 씩씩거리며 물었다.

"난 은지효, 이쪽에 낙지처럼 쭉 뻗어 있는 녀석은 세넨무트. 그런데 야마토가 어디야?"

"그것도 몰라?"

카시기야는 쯧쯧, 혀를 차며 야마토가 고구려, 신라, 백제로 나뉜 한반도의 동쪽에 위아래로 길게 늘어선 열도라고 설명했다. 지효는 단번에 야마토가 바로 일본이라는 것을 알아챘다.

바로 그때, 세넨무트가 조금 전 지효가 했던 것처럼 머리를 움켜쥐며 눈을 떴다. 그의 흐릿한 시선에 가장 먼저 띈 것은 초라한 선실과 어울리지 않게 화려한 옷을 입고 있는 카시기야 공주였다. 도도하게 내려 보는 시선과 턱, 길고 곧은 머리카락, 흔들림 없이 반짝이는 깊고 검은 눈동자.

"인사해라. 이쪽은 야마토의 카시기야 공주."

세넨무트가 멍한 얼굴로 카시기야를 뚫어져라 바라보자 지효가 그의 옆구리를 찌르며 말했다. 세넨무트는 놀라지 않았다. 굳이 듣지 않아도 카시기야가 평범한 신분의 소녀가 아닐 것이라고 직감하고 있었기 때문이었다. 과격하기는 했지만 츠야는 이번에도 자신과 지효를 제대로 던져 놓은 것이다.

"그런데 아까 네가 말한 건 뭐야? 우리가 구해 줬다가 발목 잡고 했다니?"

지효는 고개를 갸웃거리며 물었다. 세넨무트 역시 지효 못지않게 궁금하다는 표정을 짓고 있었다. 카시기야는 한숨을 푹 내쉬었다.

"어휴, 너희 정말 상황 파악이 안 되는구나."

잠시 후, 카시기야의 설명을 듣고 난 지효는 놀란 듯 눈을 동그랗게 떴다.

"뭐? 그럼 여기가 해적선이란 말이야?"

그리고 튕기듯 일어서서는 조금 전 카시기야가 했던 것처럼 마구 문을 두들겼다. 조금 전과 마찬가지로 문은 열리지 않았다. 대신 끼

익하는, 나무가 뒤틀리는 소리와 함께 방 전체가 기울어졌다.
"뭐, 뭐야?!"
지효는 넘어지지 않기 위해 문고리를 붙들며 외쳤다.
"뭐긴 뭐야. 배가 움직이려는 거지."
해적선은 조그만 물살에도 뒤집힐 듯 요란하게 흔들렸다. 지효와 카시기야는 필사적으로 문고리를 움켜잡았다.
"으아악!"
두 소녀보다 조금 늦게 상황을 파악한 세넨무트는 외마디 비명을 지르며 선실 안을 이리저리 뒹굴었다. 선실은 무척 좁았다. 세넨무트가 이리저리 굴러다닐 때마다 지효와 카시기야는 번갈아 가며 비명을 질렀다.
"으윽! 세넨무트, 제발 한군데 가만히 좀 있어."
"끄윽…… 아무거나 좀 잡아!"
두 소녀의 닦달에도 세넨무트는 정신을 차릴 수가 없었다. 배라는 것을 처음 타 봤으니 당연한 일이었다. 몇 번 그와 부딪힌 카시기야는 허리에 감은 긴 천을 풀어 그를 자신이 잡고 있는 기둥에 아예 꽁꽁 묶어버렸다. 그제야 한숨 돌린 세넨무트가 지친 목소리로 말했다.
"고마워."
"별거 아니야. 신경 쓰지 마."
카시기야는 고개를 흔들었다. 그 바람에 카시기야의 긴 머리카락이 바로 옆에 있는 세넨무트의 눈앞으로 흩날리듯 지나갔다. 동시에 세넨무트의 갈색 얼굴이 붉게 달아올랐다.

그 장면을 지켜보고 있던 지효의 눈에서 불꽃이 튀었다.

"너희들, 거기서 둘이 뭐하는…… 꺄악!"

쿠우웅!

지효가 막 두 사람 사이로 뛰어들려는 찰나, 엄청난 소리와 함께 선실이 크게 흔들렸다. 조금 전까지의 움직임과는 차원이 다른 충격이었다. 그 충격으로 발밑의 나무판자들이 비명을 지르며 쩍쩍 갈라졌다.

"꺄악!"

지효와 카시기야가 균형을 잃고 바닥에 쓰러지자 세넨무트는 서둘러 허리를 기둥에 묶은 천을 풀고 달려갔다.

"우린 괜찮아. 저 문이나 좀 열어 봐. 이제 열릴 것도 같아."

카시기야는 세넨무트가 오기도 전에 손을 휘휘 내저었다. 그리고 손가락으로 문을 가리켰다. 돌아보자 정말로 비틀린 문은 한 뼘쯤 벌어져 있었다. 세넨무트는 그대로 방향을 바꾸어 문짝을 걷어찼다.

퍽! 퍼억!

비틀린 문은 몇 번의 발길질에 완전히 떨어져 나갔다. 세넨무트와 지효, 카시기야는 문이 열리자마자 선실 밖으로 뛰어나갔다.

"이건 또 뭐야?"

밖은 전쟁터가 따로 없었다. 어느새 해변에 도착한 어선 주변에는 비슷한 배들이 줄지어 서 있었고, 모래사장 저쪽에는 초라하지만 집들이 몇 채 세워져 있었다. 해변 곳곳에는 다른 배에서 빼앗은 것으로 짐작되는 물건들과 먹을거리, 그리고 억지로 끌려온 듯 굵은 줄에

묶인 사람들이 흩어져 있었다. 바로 이곳이 해적들의 본거지가 틀림없었다.

하지만 지금 해변에는 해적보다 병사들이 더 많았다. 옷을 거의 입지 않은 해적들과 달리 병사들은 머리부터 발끝까지 무두질한 가죽을 덧댄 갑옷을 입고 있었다. 그리고 그 무리 가운데 가장 눈에 띄는 것은 기다란 검을 양손으로 휘두르는 한 남자였다. 독수리처럼 날카로운 눈빛과 창백한 피부색을 가진 그는 조금 무섭다 싶을 정도로 싸늘한 카리스마를 뿜어내고 있었다.

카시기야는 그를 보자마자 소리쳤다.

"비다쓰 전하!"

"비다쓰?"

지효가 물었다.

"해적들을 소탕하는 데 목숨 건 우리 오빠야. 야마토를 다스리는 왕이시기도 하고."

비다쓰를 바라보는 카시기야의 눈에는 자랑스러움이 가득했다. 비다쓰를 눈으로 쫓던 지효는 고개를 끄덕였다.

'하긴 오빠가 저렇게 잘났으면 자랑할 만도 하지.'

지효는 고개를 끄덕이려다 문득 눈을 동그랗게 떴다. 바로 곁에 서 있던 세넨무트가 보이지 않았기 때문이었다.

"얘는 말도 없이 어딜 간 거야?"

걱정 반, 짜증 반이 뒤섞인 얼굴로 사방을 휘휘 둘러보던 지효의 시선이 한순간 정지했다.

"세넨무트……?"

 배 속을 통째로 뒤집어 놓을 듯 흔들리던 어선이 마침내 멈췄다는 것을 깨닫자마자 세넨무트는 환호성을 올렸다. 그리고 다음 순간 츠야에 대한 분노와 엉뚱한 여행에 말려든 울분, 그리고 바닷물에 빠져 죽을 뻔한 공포가 뒤섞여 세넨무트는 자신도 모르게 고함을 지르며 모래밭으로 뛰어내렸다. 그리고 가장 가까이 서 있는 해적을 향해 달려들었다.

"뭐, 뭐야? 저 녀석이 갑자기 어디서 튀어나온 거야?"
"공주와 같이 잡았던 바로 그 녀석이야!"

 당황한 해적들이 외쳤다. 그러던 중 누군가 갑판 위를 가리키며 외쳤다.

"맞아! 우리에게는 공주가 있었지!"

 그 목소리는 해적들 모두가 들을 수 있을 정도로 컸다. 해적들의 시선이 일제히 지효와 카시기야가 서 있는 갑판 위로 향했다.

"제길, 왜 진작 그 생각을 못했지? 비다쓰도 차마 제 여동생을 죽이진 못할 거야."
"공주만 잡으면 이곳을 빠져나갈 수 있어!"

 고함 소리에 비로소 정신을 차린 듯 세넨무트는 아차, 하는 심정으로 다시 어선을 향해 달렸다. 비다쓰도 다급한 얼굴로 어선을 향해 달리기 시작했다. 하지만 벌써 많은 수의 해적들이 배 위로 오른 뒤였다. 어느새 어깨를 나란히 한 세넨무트와 비다쓰는 정신없이 해적들을 쫓아 갑판 위로 뛰어올랐다. 그리고 입을 쩍 벌렸다.

앗, 하는 사이 텅 비어 있던 갑판은 십여 명의 해적들로 가득 찼다. 잠깐 동안 당황한 기색을 보이던 지효는 이내 정신을 차렸다. 이 정도로 얼어붙기에는 그동안 겪은 일들이 너무 파란만장했던 것이다.
"뛰어!"
지효가 외치기도 전에 카시기야는 달리고 있었다. 그녀는 치렁치렁한 옷이 발목을 휘감자 과감하게 화려한 겉옷을 벗어던지고는 갑판 위를 내달렸다.
"거기 서, 이 꼬맹이!"
"흥! 잡혀 줄 것 같아요?"
지효는 앞으로 달려드는 해적의 다리 사이로 슬라이딩하듯 미끄러졌다. 앗, 하는 사이 그녀는 벌써 해적의 등 뒤에 있었다.
"이 녀석이……. 어엇!"
"내가 다른 건 몰라도 반사 신경 하나는 좋거든요?"
돌아서며 화를 내려던 해적이 다음 순간 바람을 들이켜며 재빨리 쭈그려 앉았다. 그가 앉은 곳 바로 위로 밧줄에 매달린 카시기야가 스쳐 지나갔기 때문이었다. 해적들은 우왕좌왕하기 시작했다.
"잡으라니까, 이 멍청아!"
"너무 빨라!"
지효와 카시기야는 마치 묘기를 부리듯 갑판 위를 누볐다. 밧줄을 타고 오르며 계단을 뛰어넘었다. 한 사람이 물통을 걷어차면 다른 사람은 사과 통을 넘어뜨렸고, 한 사람이 돛대 위로 오르면 다른 한 사람은 선실 아래로 달려 내려갔다.

"쟤 공주 맞아? 완전 닌자잖아?"

요리조리 신기할 정도로 해적들 사이를 피하는 카시기야를 보며 지효는 고개를 갸웃거렸다. 하지만 오래 생각할 여유가 없었다. 지효는 재빨리 고개를 흔들고는 자신에게 달려드는 해적의 정강이를 힘껏 걷어찼다.

"크아악! 이 녀석!"

두 소녀가 한바탕 난리를 치는 바람에 해적들은 우왕좌왕 갈피를 잡지 못하고 갑판 한가운데 모여들었다.

"이 날다람쥐 같은 녀석들, 대체 어디 있어?"

누군가 분노에 차 외쳤다. 대답은 머리 위에서 들려왔다.

"이쪽이에요."

해적들은 깜짝 놀라 위를 올려다보았다.

펄럭~!

그와 동시에 커다란 사각 돛이 해적들의 머리 위로 떨어져 내렸다. 눈 깜빡할 사이에 돛 아래 깔린 해적들 사이에서 아우성이 터져 나왔다.

"으아악!"

"당장 치워! 당장!"

"이 쥐방울만한 녀석들……!"

해적들은 한참 만에 돛을 찢어냈다. 밖으로 고개를 내민 그들의 얼굴은 머리 꼭대기까지 치밀어 오른 화로 시뻘겋게 달아올랐다가 이

내 새하얗게 얼어붙었다. 어느새 비다쓰와 그의 부하들이 원을 그리듯 둥그렇게 늘어서 있었던 것이다.

"하, 항복!"

해적들은 들고 있던 칼을 내던지며 두 손을 번쩍 치켜들었다.

해적들이 줄줄이 묶여 배 밖으로 끌려 나간 뒤에야 지효와 카시기야는 사다리처럼 얼기설기 엮인 그물을 타고 갑판에 내려섰다.

그 아래에서 줄곧 입을 쩍 벌린 채 서 있던 세넨무트가 기어이 입 밖으로 한마디를 내뱉었다.

"정말이지 할 말이 없다. 아예 서커스에 취직을 하지?"

"누군 목숨 걸고 일부러 이러고 싶었는지 알아? 죽지 않으려면 어쩔 수 없었어."

"너야 그렇다 치고 카시기야 공주까지 끌어들인 건 너무했잖아. 그러다가 공주가 해적들에게 다치거나 죽기라도 하면 어쩌려고 그랬어?"

"내가 일부러 끌고 다닌 거 아니란 말이야."

지효는 변명하듯 말하다가 문득 눈썹 사이를 찡그렸다.

"근데 지금 너 나한테 화내는 거야? 카시기야 때문에?"

세넨무트는 당연하다는 듯 고개를 크게 끄덕였다. 그리고 곁눈질로 비다쓰 왕과 나란히 선 카시기야를 가리켰다.

"당연하지. 보아하니 쟤가 구슬을 가지고 있을 가능성이 가장 크잖아."

지효는 기가 차서 코웃음을 쳤다.

"왕싸가지인 네가 웬일로 다른 사람 걱정을 해 주나 했다. 결국 구슬을 못 얻을까 봐 그런 거였어?"

세넨무트는 태연하게 고개를 끄덕였다.

"그래. 알았다, 알았어. 나도 너 좋아서 끌고 다니는 거 아니라고. 쳇!"

지효는 어련하겠냐는 듯 말했다. 하지만 내심 조금은 서운했다. 구슬을 모두 얻어 이집트로 돌아가겠다는 말이 왠지 자신과 빨리 헤어지고 싶다는 말로 들렸기 때문이었다.

지효와 세넨무트가 서로 딴생각을 하느라 조용히 서 있을 때였다. 서로의 무사함을 확인한 비다쓰와 카시기야가 두 사람에게 다가왔다.

"어린 무사와 용감한 소녀라! 잘 어울리는 한 쌍이로군."

"엑! 한 쌍? 누구랑 누가요?"

"저 녀석하고 내가요?"

비다쓰의 인사치레에 지효와 세넨무트는 동시에 펄쩍 뛰었다.

예상치 못한 둘의 요란스러운 반응에 비다쓰는 잠시 멍한 표정을 짓다가 폭소를 터뜨렸다. 카시기야도 손으로 입을 가리고 킥킥 웃음소리를 냈다.

"한 쌍이든 아니든 둘에게 감사하고 싶군. 덕분에 카시기야도 무사하고 해적도 말끔히 소탕했으니까 말이야. 뭐든 좋으니까 소원을 말해 봐."

한참 웃은 뒤 비다쓰가 굴비처럼 묶여 끌려가는 해적들을 가리키며 말했다. 지효와 세넨무트는 조금 전 싸웠던 게 거짓말인 것처럼 재빨리 시선을 마주쳤다가 동시에 외쳤다.

"그럼 우리를 궁으로 초대해 주세요!"

"카시기야 공주의 곁에 머물게 해 주세요."

카시기야는 둘의 소원이 조금 뜻밖인지 놀란 표정을 지었다. 하지만 이내 고개를 끄덕이며 비다쓰를 바라보았다.

"저는 좋아요. 만난 과정은 조금 특이했지만 함께 위기를 넘긴 친구들이니까요. 게다가 저 둘이랑 같이 있으면 재밌고 신나는 일들이 잔뜩 있을 것 같아요."

"좋아. 하지만 그것만으로는 내 고마움을 담기 부족한걸? 가만 있자······."

비다쓰는 말꼬리를 길게 늘이다가 손가락을 딱 튕겼다.

"그럼 이렇게 하자. 세넨무트, 넌 뛰어난 무사니까 카시기야의 호위 무사로 임명할게. 그리고 왕실 공식 왈가닥 카시기야와 거의 막상막하의 활약을 보인 지효는 카시기야의 의자매로 인정하도록 하지. 이렇게 하면 다른 사람들의 시선을 신경 쓰지 않고 쭉 카시기야의 옆을 지킬 수 있을 거야. 어때?"

물어볼 필요도 없었다. 세넨무트와 지효는 서로의 손바닥을 찰싹 부딪치며 소리쳤다.

"됐다!"

"비다쓰 전하 최고!"

카시기야와 비다쓰의 생각지도 못한 호의로 지효와 세넨무트는 얼떨결에 귀빈 대우를 받으며 야마토의 궁전이 있는 나라奈良, 불교문화가 융성했던 고대 일본의 중심지이자 수도로 향했다. 비다쓰는 지나는 곳마다 백성들의 엄청난 환대를 받았다. 그들에게 피해만 주던 해적들을 소탕했으니 당연한 일이었다.

지효는 낯익은 듯하면서도 생소한 일본의 산과 들, 그리고 사람들을 신기하다는 눈으로 바라보았다. 동양에 온 것 자체가 처음인 세넨무트는 더욱 얼이 빠진 듯한 얼굴을 하고 있었다.

"야, 여기 사람들은 원래 다 저렇게 입어?"

세넨무트가 참다못해 지효의 옆구리를 찌르며 물었다. 그의 말대로 논과 들 주변에서 일을 하고 있는 농민들의 옷차림은 민망함 그 자체였다. 여자들은 그나마 짧은 겉옷을 입고 있었지만 남자들은 천을 둘둘 만 듯한 속옷만 걸치고 있었다. 삐죽삐죽한 머리 모양도 이상하긴 마찬가지였다. 지효는 슬쩍 시선을 돌리며 어깨를 으쓱였다.

"그야 이 나라 전통이니까. 그리고 이집트 사람들도 썩 많이 입진 않았었거든?"

한바탕 핀잔을 늘어놓은 지효는 논길을 따라 점점이 흩어져 있는 농민들의 집 쪽으로 고개를 돌렸다. 짚단을 쌓아 올린 지붕에 투박한 통나무로 기둥을 세운 집은 얼핏 움막처럼 보였다. 굴뚝도 따로 없는지 짚단 위로 새까만 그을음이 섞인 연기가 피어올랐고 집 주변에는 닭과 오리, 돼지 같은 가축들이 어지럽게 돌아다녔다.

가장 가까운 나라인 일본의 낙후된 모습을 보는 지효는 쓴입을 다셨다. 일본이 이런 모습이면 한반도의 사정도 크게 다르지 않을 것 같았기 때문이었다.

"그러고 보니 네가 온 곳도 동양 어디쯤이라고 하지 않았어?"

그때 세넨무트가 물었다.

'어휴, 하여튼 사람 속 뒤집는 덴 뭐 있어. 꼭 대답하기 힘든 것만 물어본다니까.'

지효는 툴툴거리며 고개를 휙 돌렸다. 그리고 눈을 크게 떴다.

"응? 저긴 뭐야?"

지효의 목소리가 조금 컸던지 세넨무트는 물론이고 앞서 가던 비다쓰와 카시기야까지 고개를 돌렸다.

"어라? 저긴 좀 다르네?"

세넨무트도 조금 놀란 듯 눈을 동그랗게 떴다. 제법 넓은 강나루를 중심으로 지금까지는 볼 수 없었던 반듯한 기와집들이 줄지어 서 있었던 것이다. 강변을 오가는 사람들의 옷차림도 농민들과는 천지 차이였다. 긴 머리를 단정히 묶은 남자들은 대체로 하얗거나 푸른색 옷을 입고 있었고, 여자들은 알록달록하게 물들인 비단옷에 장신구로 멋을 낸 차림새였다.

"백제인들의 마을이야."

카시기야가 말했다.

"백제?"

지효의 목소리가 저도 모르게 높아졌다.

"응. 백제는 우리보다 훨씬 앞선 문화를 가지고 있지. 쌀농사를 짓는 볍씨도, 옷을 만드는 베틀도 모두 백제에서 가져왔지. 농사 기술도 백제인들에게 배웠어."

카시기야에 뒤이어 비다쓰의 설명이 계속되었다.

"그 은혜를 잊지 않기 위해 저기 저 마을을 구다라라고 정했단다."

카시기야가 작게 덧붙였다.

"구다라는 우리말로 백제라는 뜻이야."

비다쓰와 카시기야의 말에 지효는 저도 모르게 어깨가 으쓱거렸다. 얼굴은 저절로 벌겋게 달아오르고, 입은 귀까지 벌어졌다.

"야, 너 뭐 잘못 먹었냐? 아니면 더위 먹은 거야?"

보다 못한 세넨무트가 눈살을 찌푸렸다. 그의 말대로 하늘 위에는 뜨거운 태양이 걸려 있었다. 하지만 얼마 전까지만 해도 불타는 듯한 사막을 견뎌 낸 지효가 이런 날씨로 더위를 먹었을 리가 없었다.

"이 바보야, 그런 게 아니라 백제 칭찬이 막 나오니까 그렇지."

"백제가 왜?"

지효는 정색을 했다.

"잘 들어. 내가 대한민국이라는 나라가 엄청 대단하다고 했지? 백제가 바로 그 대한민국과 같은 나라야. 그러니까 따지고 보면 난 백제 사람이라고 할 수 있는 거지."

지효의 말에 세넨무트는 의외라는 듯 눈을 크게 떴다. 그리고 새삼스러운 눈빛으로 구다라를 다시 돌아보았다.

"너희 나라가 저런 고급 문명을 가지고 있다고?"

세넨무트보다 더 놀란 것은 카시기야와 비다쓰였다. 카시기야는 생각지도 못했다는 듯 지효의 옷차림을 다시 살폈고, 비다쓰는 어쩐지 용감하더라, 하는 말을 중얼거렸다. 그런 둘의 시선 속에는 감탄

과 약간의 경외감이 섞여 있었다. 지효는 어쩐지 자신의 콧대가 조금 더 높아진 것만 같았다.

그러는 사이 일행은 어느새 궁전 앞에 다다랐다. 왕궁은 지금껏 보아 왔던 어떤 건물보다 웅장하고 아름다웠다. 층층이 쌓아 올린 단청 위에 얹은 지붕은 유려한 멋을 풍겼고, 줄지어 늘어선 아름드리 나무 기둥은 나뭇결을 그대로 품고 있었다. 창마다 드리워진 격자무늬 창살과 단청마다 새겨진 연꽃무늬가 더없이 정교했으며 단청 끝에 걸린 물고기 모양의 풍경은 미풍에도 이리저리 흔들리며 맑고 청아한 소리를 냈다.

교과서나 텔레비전 사극에서 자주 접했던 지효와는 달리 동양 건축물을 처음 마주한 세넨무트는 그 섬세하면서도 은은한 아름다움에 잇따라 감탄사를 냈다.

"이게 다 백제 스타일이야. 잘 봐 놔. 이집트 촌구석에서 온 네가 언제 이런 걸 보겠니?"

지효는 마치 자신의 집이라도 온 양 한껏 으쓱거렸다.

정원 또한 세넨무트가 감탄할 대상이었다. 이집트는 신전도, 무덤도, 심지어 목욕탕도 엄청난 규모로 만드는 게 보통이었다. 당연히 정원 역시 헉, 소리가 날 정도로 넓었다.

반면 야마토 궁전의 정원은 처음 보는 꽃들이 종류별로 심어진 화단과 나무, 졸졸 흐르는 시냇물을 잠시 가둬 둔 연못이 아기자기하게 자리 잡고 있었다.

비다쓰가 머무는 본궁에는 커다란 붓으로 쓴 현판이 걸려 있었다. 한문을 잘 모르는 지효지만 현판에 쓰인 글자는 알아볼 수 있었다.

"백제대정궁百濟大井宮? 여기는 야마토라며? 그런데 왜 궁전 이름이 백제대정궁이야?"

지효는 고개를 갸웃거리며 카시기야에게 물었다. 카시기야는 곤란하다는 듯 입술을 씹으며 입을 열었다.

"그, 그건……."

"우리는 백제의 왕족이거든. 돌아가신 아버지인 긴메이 왕欽明 王, 일본의 제 29대 왕께선 위대한 백제 무령왕의 사촌이셨어. 왕족뿐만 아니라 지금 야마토를 다스리는 귀족들 중 절반이 백제인이지."

머뭇거리는 카시기야 대신 비다쓰가 냉큼 말을 꺼냈다. 그의 얼굴에는 자신이 백제의 후손이라는 자부심이 가득했다.

비다쓰뿐이 아니었다. 그의 뒤를 따르는 신하들과 무사들 역시 백제인의 지배를 받는 것에 무척이나 만족하는 기색이었다. 그들에게 백제는 앞선 문물을 가르쳐 주는 아버지의 나라였다.

지효는 백제에 대한 칭찬이 이어지자 저절로 목에 힘이 들어갔다.

"잘 들었지? 지금도 이렇게 대단한 나라인데 먼 미래에는 얼마나 좋아졌겠니? 상상을 한번 해 봐."

세넨무트는 인정하고 싶지 않은 듯 콧방귀를 뀌었다. 하지만 내심 호기심이 치미는 것은 어쩔 수가 없었다. 그리고 아주 잠깐 동안 지효가 입이 닳도록 자랑하는 대한민국이라는 나라를 한 번 구경하고 싶다는 생각을 했다.

사람들 입에서 백제라는 단어가 쉴 새 없이 오르내리자 다른 사람과는 달리 카시기야는 불만스럽다는 듯 툴툴거렸다.

"쳇, 아무리 우리가 백제의 핏줄이지만 우린 야마토의 왕족이라고요. 자존심도 안 상하나 봐."

카시기야의 목소리는 무척 작아서 비다쓰의 귀에까지 닿지는 않았다. 하지만 바로 곁에 서 있던 세넨무트는 그녀의 목소리를 똑똑하게 들을 수 있었다. 세넨무트는 슬쩍 고개를 돌려 카시기야를 바라보았다. 그리고 그녀의 화난 듯한 눈동자 가운데서 왕족 특유의 강한 자긍심을 찾을 수 있었다. 그리고 그것은 오래전 헤어진 한 소녀의 이름을 떠올리게 만들었다.

'하트셉수트 여왕도 자신이 왕족이라는 자부심이 대단했었지. 그러고 보니 저 카시기야 공주가 하트셉수트를 좀 닮은 것 같기도 하고……'

세넨무트의 시선은 한참이나 카시기야의 얼굴에 고정되었다. 옛일을 더듬는 듯 그의 얼굴은 평소와는 달리 부드럽게 풀어져 있었고, 지효를 조롱하던 그의 눈동자에는 따뜻한 빛이 감돌았다.

고구려의 승려 담징의 등장

　세넨무트의 달라진 분위기를 알아챈 사람이 있었다. 우연히 고개를 돌리던 비다쓰는 카시기야를 바라보는 세넨무트를 발견하고는 눈을 동그랗게 떴다. 그리고는 이내 함박웃음을 지었다.
　'오! 저 친구, 우리 카시기야가 마음에 들었나 보군.'
　해적들과 싸울 때의 세넨무트를 떠올린 비다쓰의 눈이 흡족한 듯 부드럽게 휘어졌다. 야마토는 그 어떤 것보다 강함이 우선시되는 무사의 나라였다. 하지만 세넨무트는 힘밖에 모르는 다른 무사들과는 본질적으로 달라 보였다. 짙은 피부색만큼이나 깊게 가라앉은 눈동자에는 어질고 총명한 사람들에게서나 볼 수 있는 현명함이 언뜻언뜻 드러났다. 그는 세넨무트와 카시기야를 번갈아 돌아보며 고개를 끄덕였다.

'암, 저 정도면 썩 훌륭한 남편감이지. 저 왈가닥을 어떻게 시집보낼까 고민 중이었는데 잘 됐어.'

지효도 세넨무트의 얼굴이 평소와 다르다는 것을 알아챘다. 한참이나 대한민국에 대한 자랑을 늘어놓던 지효는 아무 대꾸가 없자 뒤를 돌아보았다. 그리고 카시기야를 멍하니 바라보는 세넨무트를 발견하는 순간 기분이 나빠졌다.

"야! 카시기야 공주 얼굴에 뭐 묻었어? 왜 그렇게 쳐다봐?"

그제야 세넨무트는 당황한 얼굴로 고개를 돌렸다.

"뭐, 뭐가? 아무것도 아니야."

"어쭈? 말까지 더듬으니까 더 수상한데? 바른대로 말하시지? 너 아까부터 넋 나간 사람처럼 카시기야 공주만 쳐다보던데? 설마 한눈에 반한 거야?"

장난처럼 던진 질문이었지만 세넨무트는 웃지 않았다. 웃기는커녕 정색을 하고 지효를 똑바로 바라보았다. 그 바람에 지효가 오히려 놀라고 말았다.

"너 설마 진짜······?"

세넨무트가 작게 말했다.

"나도 잘 모르겠어. 그런데 이상하게 눈길이 가."

그의 정직한 대답에 지효는 왠지 가슴 한쪽이 따끔거리는 통증을 느꼈다. 괜한 심술이 입 밖으로 튀어나왔다.

"너, 선머슴 왈가닥 같은 나는 싫다며? 그런데 카시기야 공주는 나보다 더하던데? 너도 봤잖아?"

"그래도 너랑은 근본적으로 뭔가 달라 보여."

"칫, 그런 게 어딨어? 싫으면 다 싫은 거고, 좋으면 다 좋은 거지."

지효가 입술을 삐죽거리자 세넨무트가 문득 눈썹을 찌푸리며 물었다.

"그래서 무슨 말을 하고 싶은 건데? 널 좋아해 달라는 거야? 아니지, 너 혹시 나 좋아해?"

"이 바보야! 누, 누가 그렇대?"

지효는 자기도 모르게 빽 소리를 쳤다. 그 바람에 카시기야와 비다쓰를 비롯한 모든 사람들이 지효를 돌아보았다. 지효의 얼굴은 순식간에 새빨갛게 달아올랐다. 그리고는 이 모든 원인이 세넨무트에게 있는 듯 그를 째려보며 나직이 쏘아붙였다.

"누가 너 좋대? 나한테 넌 그저 준수의 얼굴을 한 왕싸가지일 뿐이라고. 하지만 그 얼굴로 다른 여자애한테 생글생글 웃는 걸 보는 것도 나름 속 쓰리니까 짝사랑을 하든 연애를 하든 제발 나 안 보는 데서 해 줄래?"

세넨무트의 한쪽 눈썹이 기분 나쁜 듯 슬쩍 찡그려졌다. 지효는 그것을 못 본 척하며 홱 고개를 돌렸다. 그리고는 여전히 자신을 바라보고 있는 사람들을 향해 아무것도 아니라는 듯 손을 휘휘 저어 보였다.

"그렇지. 너한테 나는 그저 대타였지."

지효의 뒤를 따라가며 세넨무트가 중얼거렸다. 이미 너무나도 잘 알고 있는 사실을 한 번 더 들었을 뿐인데 이상하게 기분이 나빴다.

"그 준수라는 녀석은 대체 어떻게 생겨 먹은 거야?"

그러는 사이 비다쓰와 헤어진 지효와 세넨무트, 카시기야는 궁전의 한쪽에 위치한 별채 앞에 도착했다.

별채는 작고 아담했다. 주변에는 대나무 숲이 빙 둘려 있었고, 백제의 석공들이 조각한 석등이며 돌사자가 서 있었다. 건물 안쪽은 붉은 옻칠을 한 가구들이 보기 좋은 형태로 놓여 있었다.

지효는 마치 고향에 온 듯 마음이 편했다. 시녀들이 내어 준 옅은 주황색 비단에 보랏빛 천으로 허리를 묶는 긴 치마를 입자 마치 백제 시대를 배경으로 하는 사극 속으로 걸어 들어온 것만 같아 피식 미소까지 지었다.

콧노래를 부르며 여유만만인 지효와는 반대로 세넨무트는 안절부절못했다. 시녀가 내어 준 옷이 편하기는 했지만 팔을 움직일 때마다 넓은 소매에 걸려 주변의 물건들이 넘어지고 깨졌기 때문이었다. 치마만큼이나 넓은 바지도 어색하기는 마찬가지였다. 그나마 신발만큼은 농민들이 신는 나무 신발이 아니라 튼튼하고 편한 가죽신이라 다행이었다.

하지만 실내에서는 그 편한 신발도 아무 소용이 없었다. 이집트나 팔미라와는 달리 이곳은 좌식 생활을 했기 때문이었다. 딱딱한 방바닥에 무릎을 꿇고 앉자마자 세넨무트는 다리 끝이 저려오기 시작했다.

장난감처럼 작은 그릇들로 채워진 밥상 위에 함께 올라온, 생전 처음 보는 기다란 젓가락도 세넨무트에게는 골칫거리였다. 열 손가락을 바들바들 떨어가며 간신히 집은 음식은 입으로 들어가는 것보다 허공으로 날아오를 때가 더 많았다. 겨우겨우 입 근처로 가져간 반찬

들도 절반은 입이 아니라 옷으로 떨어졌다.

"크크크……! 잘난 척 대마왕인 너도 못하는 게 있구나."

그 모습을 물끄러미 지켜보고 있던 지효는 기어이 폭소를 터뜨렸다. 그리고 보란 듯이 젓가락을 놀려 밥과 반찬들을 집어 먹었다. 세넨무트는 이를 뿌득 갈았다.

"시끄러워! 두고 보라고. 너보다 더 잘할 테니까."

지효를 혀를 날름 내밀었다.

"헹, 두고 보자는 사람 하나도 안 무섭더라. 그리고 젓가락질이 뭐 하루 이틀 만에 되는지 알아? 이래 봬도 내가 십 년 넘게 젓가락질에 매진해 온 사람이야."

"잘 될지 안 될지는 두고 보면 알겠지."

세넨무트는 그날부터 젓가락과의 전쟁에 돌입했다. 커다란 탁자 가득 희고 검은 바둑돌을 쏟아 놓고 하루 종일 이쪽에서 저쪽으로, 다시 저쪽에서 이쪽으로 옮기기 시작했다. 둥글납작하고 매끄러운 바둑돌을 젓가락으로 집어 드는 일은 생각보다 어려웠다. 집었나 싶으면 얄밉게 탁자 위로 떨어지는 흑백의 돌들은 약 올리기라도 하듯 떨어진 자리에서 핑그르르 돌며 은은한 광채를 뿜냈다.

"적당히 해. 뭐든 너무 급하게 하면 병난다."

다음 날 아침, 지효는 하루 종일 방 밖으로 고개도 내밀지 않고 젓가락과 씨름하는 세넨무트의 방에 들렀다. 하지만 세넨무트는 지효의 말이 들리지도 않는 듯 바둑돌을 옮기는 일에 집중했다. 마치 그

일에 목숨을 건 사람처럼.

"안 더워? 푹푹 찌는데 밖으로 나가자. 밖은 바람도 제법 불어서 시원해. 그리고 요 앞에 백제 물건들이 들어오는 장이 생긴대."

지효가 아무리 말을 걸어도 세넨무트는 묵묵부답이었다. 제풀에 지친 지효가 먼저 자리를 털고 일어났다.

"독한 녀석. 난 간다. 너도 관심 있으면 이따가 와."

지효가 고개를 내두르며 나간 후, 한참 뒤에 이번에는 카시기야가 세넨무트를 방문했다. 그녀는 오랫동안이나 세넨무트를 지켜보다가 뒤늦게 말을 걸었다.

"잘 돼가?"

카시기야의 목소리에 세넨무트는 그제야 고개를 들었다. 카시기야가 차가운 물로 적신 수건을 내밀었다.

"젓가락질이 보기엔 쉬워 보여도 제법 힘들어. 손가락도 아프고."

"그러게. 꽤 까다롭네."

세넨무트는 대답을 하며 그렇지 않아도 뻣뻣하게 굳어진 손에 젖은 수건을 감았다. 차가운 물수건은 땀으로 범벅이 된 손뿐만 아니라 지끈거리는 머릿속까지 시원하게 해 주었다. 수건에서 전해지는 청량함과 닮은 미소를 세넨무트는 카시기야에게 지어 보였다.

"사실 우리도 젓가락을 사용한 지는 얼마 되지 않았어. 그 전엔 모두 손으로 먹었대. 그게 조금 더 편했을지도 모르는데."

카시기야는 키득 웃으며 세넨무트가 내려놓은 젓가락을 집어 들었다. 그리고 익숙한 손놀림으로 바둑돌을 하나 집어 들었다.

"젓가락질은 힘들지만 꽤 유익해. 손의 모든 근육을 사용하게 만들어 주거든. 무사들의 검술 훈련에도 도움이 된대."

카시기야는 탁자 위에 수북이 쌓인 바둑돌을 몇 개 옆으로 옮기다가 문득 물었다.

"그런데 바둑은 둘 줄 알아?"

세넨무트는 고개를 저었다.

"이게 바둑돌이라는 것도 오늘 처음 알았어."

"무척 재밌는 놀이인데. 내가 알려줄까?"

"바둑도 백제에서 전해진 거야?"

"응. 안타깝지만 지금 이 궁전에 있는 거의 모든 것들이 백제에서 전해졌다고 보면 돼. 하지만 바둑 두는 방법은 백제와 무척 달라."

세넨무트의 말에 카시기야는 고개를 끄덕이고는 이내 한숨을 쉬었다.

"여긴 야마토인데 궁전 안에 우리의 전통은 하나도 없고 모두 백제에서 건너온 것만 있다는 게 믿어져?"

"넌 야마토의 왕족이라는 자부심이 강하구나?"

"당연하지. 내가 태어난 곳이고, 내가 지켜야 할 나라니까. 물론 나도 백제의 문물이 우리보다 뛰어나다는 건 인정해. 하지만 우리 것들 중에도 분명 아름답고 소중한 게 있을 텐데 비다쓰 오빠와 다른 사람들은 뭐 하나라도 백제의 것과 다르게 하면 큰일 나는 줄 안다니까. 내가 입은 이 옷도 그래. 지금 당장 백제 땅에 서 있어도 내가 야마토 사람이라는 걸 아무도 못 알아챌걸?"

카시기야가 툴툴거렸다. 세넨무트는 이해한다는 듯 고개를 끄덕였다.

"난 백제가 아니라 야마토라는 나라에 대해 더 많이 알고 싶어. 네가 알려줄 수 있을까?"

카시기야는 그의 말에 반색을 했다.

"당연하지. 그럼 뭐부터 시작할까? 무술? 다도? 아니면 서예?"

카시기야의 눈이 반짝였다. 세넨무트는 지효만큼이나 성질 급하게 나오는 카시기야를 보며 키득 웃었다. 그리고 탁자 위에 어지럽게 널려 있는 바둑돌을 가리켰다.

"바둑이라는 것부터 시작하는 건 어때? 재미있다며?"

"무슨 부지깽이 만드세요? 더 얇게 해 주셔야죠."

시장 구경을 나간 지효는 벌써 반나절째 대장간 앞에 버티고 서 있었다. 더운 날씨에 대장간의 화덕에서 이글거리는 불씨의 온도까지 더해져 지효의 온몸은 벌써 땀에 푹 젖어 있었다. 지효는 잇따라 흐르는 땀을 훔쳐 내며 대장장이를 닦달했다.

"아니, 무슨 대장장이가 그 쉬운 걸 하나 못 만들어요?"

시뻘겋게 달아오른 쇳덩이를 화덕에서 꺼내는 대장장이는 불만 가득한 얼굴로 툴툴거렸다.

"꼬마 아가씨가 엉뚱한 걸 만들어 달라니까 그렇지. 무쇠로 젓가락을 만든다는 게 말이 되나? 젓가락은 자고로 대나무로……."

"아, 다 필요 없고 얼른 만들어 주기나 해요. 길이는 대나무 젓가락보다 짧게, 굵기는 저기 저 나뭇가지 정도면 돼요. 너무 무거워도 안 되고 너무 가벼워도 안 돼요."

지효는 두 손을 휘휘 내저어 대장장이의 말을 끊었다. 그리고는 협박처럼 한마디 덧붙였다.

"못 만들어 내면 손재주 없는 아저씨라고 동네방네 소문내고 다닐 거예요."

"알았다고, 알았어. 만들어 주면 될 거 아니야!"

대장장이는 까다로운 지효의 주문에 한숨을 크게 내쉬고는 풀무불을 피울 때 바람을 일으키는 도구를 힘껏 밟았다. 풀무가 바람을 내뿜을 때마다 화덕에 쌓인 쇳조각들이 벌겋게 끓어올랐다.

그로부터 한 시간쯤 뒤에 지효는 딱 자기가 원하던 젓가락을 대장장이로부터 건네받았다.

"감사합니다, 아저씨! 필요한 게 생기면 또 올게요."

대장장이는 서둘러 뛰어가는 지효의 뒷모습에 대고 빽 소리쳤다.

"제발 다시는 오지 마!"

궁전으로 돌아온 지효는 서둘러 별채로 달려갔다. 작은 연못을 지나자 열린 문 사이로 세넨무트가 보였다. 예상대로 그는 방 안에 버티고 있었다.

"하여튼 고집은 고래 힘줄보다 세다니까."

지효는 혼자 중얼거리며 손에 쥔 것을 꽉 잡았다.

'이걸 보면 깜짝 놀라겠지? 혹시 감동의 눈물이라도 흘리는 거 아니야? 큭큭…….'

혼자서 히죽 웃으며 한 발짝 앞으로 걸음을 내딛던 지효는 하지만 다음 순간, 그 자리에서 얼어붙고 말았다. 세넨무트의 방에서 낯익은

목소리가 들렸던 것이다.

"카시기야……?"

"어머, 세상에! 너 정말 바둑 처음 해 보는 거 맞아?"

"바둑이 돌로 집을 짓는 거라며? 난 이집트 최고의 천재 건축가라고. 쌓고 짓는 일은 누구에게도 안 져."

세넨무트의 자신만만한 말에 카시기야는 웃음을 터뜨렸다. 유쾌한 그녀의 웃음소리에 세넨무트도 빙긋이 웃었다.

카시기야가 장담한 대로 바둑은 재미있었다. 세넨무트는 시간이 가는 줄도 모르고 젓가락질 연습을 하다가 지치면 카시기야와 바둑을 두기를 반복했다. 그러다가 문득 정신을 차려 보니 창밖으로는 이미 붉은 노을이 지고 있었다.

"가 봐야겠다. 오늘 정말 즐거웠어. 내일은 바둑 명인들이 바둑 두는 법을 적은 기보를 가져다줄게."

카시기야가 떠난 뒤 세넨무트는 창밖으로 상반신을 반쯤 내밀었다. 서늘한 저녁 바람이 땀에 젖은 머리카락을 스치듯 지나갔다.

"어? 저게 뭐지?"

창밖으로 반쯤 몸을 내민 세넨무트의 눈에 대청마루에 놓인 보자기가 들어왔다. 잠시 주변을 살펴본 뒤 세넨무트는 보자기를 풀어 보았다. 방금 만들어진 듯 반들반들 윤이 나는 쇠젓가락 몇 개가 얌전히 들어 있었다. 들어 보니 가벼운 듯하면서도 묵직한 무게가 느껴졌다. 손잡이에는 단정한 꽃까지 새겨진 것이 꽤나 정성이 들어간 물건이었다.

"누가 가져다 놓은 거지?"

궁금증은 금방 풀렸다. 문 바로 아래 흙바닥에 나뭇가지로 휘갈겨 쓴 글이 눈에 들어왔기 때문이었다.

왕싸가지! 약해 빠진 나무젓가락 말고 이걸로 연습해 봐. 실력이 팍팍 늘 거다. 단, 이건 비법이니까 다른 사람한테 절대 말하지 마.

"하여튼 은지효, 진짜 엉뚱하다니까. 쇠젓가락으로 연습하라고?"

세넨무트는 여전히 모르겠다는 듯 고개를 갸웃거렸다. 어느새 그의 손에는 길쭉한 대나무 젓가락 대신 보자기에 싸여 있던 쇠젓가락이 들려 있었다.

"어때? 효과 끝내 주지?"

밥상을 사이에 두고 지효가 세넨무트를 건너다보며 씩 웃었다. 세넨무트는 고개를 끄덕일 수밖에 없었다. 며칠째 허공을 날았던 반찬들은 얌전히 그의 입 속으로 들어갔고, 밥상 주변에는 밥알 한 톨 떨어지지 않았다. 며칠 사이에 보인 그의 변화에 카시기야와 비다쓰도 놀라움을 금치 못했다.

"대체 어떻게 한 거야?"

비다쓰는 세넨무트가 더욱 마음에 든 듯 친근하게 물었다. 세넨무트는 아주 잠깐 지효를 바라본 뒤 말없이 빙긋 웃었다.

"뭐, 좋아. 남자란 자고로 과묵한 맛도 있어야지. 아차, 듣기로는 카시기야와 무척 친하게 지낸다며?"

비다쓰의 말에 지효는 자신도 모르게 숨을 죽였다. 그리고 곁눈으로 세넨무트와 카시기야를 번갈아 바라보았다.

"카시기야 공주님이 신경을 많이 써 주셨습니다. 덕분에 바둑도 배우고 글도 배웠습니다."

세넨무트의 말에 비다쓰는 반색을 했다.

"둘이 아주 즐겁고 유익한 시간을 보냈나 보군. 뭐 필요한 게 있으면 말만 해. 내가 팍팍 지원해 줄 테니까."

"어휴, 전하! 우린 그냥 친구라고요. 이상하게 엮을 생각하지 마세요."

카시기야는 오빠의 노골적인 말투에 얼굴을 새빨갛게 물들이며 빽 소리쳤다. 비다쓰는 그조차 귀여운지 잇따라 싱글벙글 웃었다.

"알았다, 알았어. 그런데 진짜 세넨무트 정도면 괜찮은 신랑감 아니냐? 놓치기 아까워서……."

"전하아~!"

"윽! 알았어. 나 원 무슨 여자애 목청이……. 네가 그렇게 왈가닥 짓을 하니까 너 시집보내려고 내가 이 안달을 하는 거잖아."

비다쓰는 귀를 틀어막으며 툴툴거렸다. 그 말에 카시기야는 또 한 번 궁전이 떠나가라 고함을 질렀다.

"큭큭……."

세넨무트는 사이좋은 두 남매를 보며 웃음을 참지 못하겠다는 듯 입을 틀어막았다. 지효도 이 순간만큼은 배를 움켜쥐고 웃어 댔다.

"젓가락 고마워. 정말 그걸로 연습하니까 실력이 확 늘던데?"

식사가 끝난 뒤 세넨무트가 지효에게 다가왔다.

"그렇지? 그거 아무한테나 안 가르쳐 주는 비밀이야. 그까짓 젓가락 때문에 네가 고생하는 거 보고 일부러 이 누님이 만들어 온 거야. 영광이지?"

"하하하! 너야말로 이 천재에게 뭘 가르쳤다는 게 영광인 거야."

"나 참, 하여튼 끝까지 잘난 척은. 그래, 너 잘나고 똑똑하다."

젓가락 사용법과 바둑에 익숙해진 세넨무트는 본격적으로 야마토에 대해 공부하기 시작했다. 사람들이 사는 생활방식과 농사법을 관찰했으며, 글을 익히고 차 마시는 법을 배웠다. 여름이 지날 무렵 세넨무트는 궁전 안의 어떤 사람보다 더욱 이 땅에 대해 많은 것을 알게 되었다.

세넨무트의 집요하리만큼 지독한 노력과 빠른 학습 속도에 지효는 물론이고 비다쓰와 카시기야까지 깜짝 놀랄 정도였다.

"천재는 괜히 천재가 아니야. 너 같은 일반인들은 절대 못 따라와."

"아으, 저 잘난 척. 어떻게 입만 열었다 하면 자기 자랑이야?"

하지만 세넨무트가 보기만 해도 머리가 지끈거리는 한자를 척척 읽어 내리자 지효는 기가 막힌다는 듯 입을 쩍 벌렸다가 고개를 떨뜨릴 수밖에 없었다.

"너 무지무지 재수 없지만…… 천재라는 건 인정한다. 그래, 너 잘났어."

지효의 말에 세넨무트가 다시 한 번 얄밉게 웃었다. 지효는 못 볼 꼴을 봤다는 듯 눈을 질끈 감았다.

평화롭다 못해 지루한 날들이 반복되던 어느 날, 한 명의 승려가 왕궁으로 찾아왔다. 어깨에 걸친 그의 가사袈裟, 승려가 왼쪽 어깨에서 오른쪽 겨드랑이 밑으로 걸쳐 입는 옷는 다 낡아 해졌고, 색 바랜 승려복은 무릎 근처에서 찢어져 있었다. 새끼를 꼬아 만든 신이 제 구실을 못한 지 오래인 듯 발에는 상처투성이였고, 등에 멘 바랑승려가 등에 지는 큰 주머니 모양의 배낭은 누덕누덕 기운 초라한 행색이었다.

하지만 그가 누더기 바랑을 여는 순간 왕궁 전체는 흥분에 빠졌다. 낡고 초라한 바랑 속에는 황금으로 만든 아름다운 불상이 들어 있었기 때문이었다. 활짝 핀 연꽃 위에 가부좌를 틀고 있는 금동석가상은 그때까지 야마토에서 한 번도 본 적이 없는 형태였다. 보일 듯 말 듯 미소 짓는 부처의 표정은 너무나도 자연스러웠고 어깨에서 흘러내린 옷자락은 물이 흐르듯 팔목을 따라 감겼다가 아래로 풀어지며 연꽃 아래로 흘러내렸다. 반쯤 뜨인 눈동자는 불상을 마주한 사람들에게 무언의 진리를 전하려는 듯 날카로우면서도 인자했다. 비다쓰와 궁전 안에 있던 대신들은 자신도 모르게 감탄사를 터뜨리며 불상과 그 불상을 가지고 온 승려 앞에 몸을 낮추었다.

"당신은 누구십니까?"

비다쓰의 질문에 승려는 그제야 자신의 이름을 밝혔다.

"나는 담징曇徵, 고구려의 승려이자 화가이라는 늙은 중입니다. 야마토에서 불교가 번성한다는 말을 듣고 이렇게 불상을 가지고 왔습니다."

승려의 목소리는 담담했지만 그의 이름이 주는 파장은 적지 않았다. 사람들의 입에서 신음 소리 비슷한 목소리가 새어 나왔다.

"담징!"

"담징이라면 고구려의 이름 높은 고승?!"

역사와 담을 쌓고 사는 지효도 담징이라는 이름을 들어본 적이 있었다. 오직 한 사람, 세넨무트만이 고개를 갸웃거리며 담징을 바라볼 뿐이었다.

놀라움은 아직 끝난 것이 아니었다. 담징의 이어지는 말에 비다쓰는 그 자리에서 펄쩍 뛰어오르고 말았다.

"이 금동석가상 안에는 부처님의 진신사리가 담겨 있습니다."

진신사리란 부처, 즉 석가께서 입적入寂, 승려의 죽음을 이르는 말 후 그의 뼈와 정기가 뭉쳐진 것으로, 불교에서 말하는 삼보三寶인 불보佛寶, 석가모니를 비롯한 모든 부처를 높여 부르는 말, 법보法寶, 불교의 진리를 담은 책, 승보僧寶, 부처의 가르침을 실천하는 사람 중 으뜸으로 치는 보물이었다. 한마디로 부처 그 자체였던 것이다.

이처럼 귀한 까닭에 진신사리를 모시는 절은 바깥 경계에 마음의 흔들림이 없고 번뇌가 없는 보배스런 궁전이라 하여 적멸보궁이라 불렀으며, 불교가 융성한 한반도에도 설악산의 봉정암, 오대산의 중대 상원사, 취서산의 통도사, 사자산 법흥사, 태백산의 정암사, 이렇게 다섯 곳밖에 되지 않았다.

그런데 담징이 진신사리를 야마토로 가져온 것이다. 이는 부처가 직접 온 것만큼이나 큰 사건이었다.

"진……. 진신사리! 부처님의?!"

"오오! 마침내 이 땅에 부처가 오시다니!"

비다쓰를 비롯한 모든 사람들이 너 나 할 것 없이 금동석가상 앞에 머리를 조아렸다.

"진신사리라는 게 무척 대단한 건가 봐?"

세넨무트가 지효에게 귓속말로 물었다. 지효 역시 작은 목소리로 대답했다.

"잘은 모르지만 엄청 중요한 물건일걸? 이집트로 치면 태양신 아몬의 분신쯤 되려나?"

"오! 사람들이 흥분하는 이유를 알겠네. 이거 궁전 밖에서도 엄청난 소란이 일 것 같은데?"

세넨무트의 말처럼 담징의 방문과 그가 가지고 온 금동석가상에 관한 소식은 순식간에 야마토 전체를 흥분시켰다. 사람들은 아침부터 밤까지 불상에 관한 이야기를 나누었고, 그렇지 않아도 뜨거웠던 불교의 열기는 거센 불길처럼 야마토 전역으로 번져 갔다.

이것과 거의 같은 시기에 또 한 명의 전령이 비다쓰를 찾아왔다. 그는 담징과는 달리 어두운 밤을 틈타 궁전으로 찾아들었다. 그가 가지고 온 편지를 펼친 비다쓰의 얼굴은 얼음처럼 굳어졌다.

"무슨 내용인데 그래요?"

카시기야가 조심스럽게 물었다. 담징의 방문에 들떠 있던 대신들도 작은 찻잔을 만지작거리며 비다쓰의 대답을 기다렸다. 지효와 세넨무트도 덩달아 긴장해서 마른침을 삼켰다. 그만큼 비다쓰의 표정은 심각했다.

"신라를 공격했던 백제군이 오히려 포위를 당했다."

한참의 침묵 끝에 비다쓰가 말했다. 그의 표정만큼이나 무거운 내용이었다.

"그런! 백제군이 위협에 빠지다니……."

"당장 출병해야 하는 것 아닙니까?"

"허어, 그래도 당장 출병은 좀 힘들지 않겠습니까? 그 뭐냐…… 손자병법에도 전쟁터에서 지고 이기는 건 항상 일어나는 일이라고 하지 않습니까?"

"하지만 백제는 우리의 아버지의 나라입니다!"

"좀 더 신중하자는 거지 누가 싫다고 했습니까? 당장은 힘들어도 백제의 성왕께서 출정하시면 단번에 상황이 바뀔 수도 있잖소?"

대신들의 치열한 설전은 비다쓰의 나직한 목소리로 끝났다.

"포위된 곳에 성왕이 계신다."

대신들은 약속이나 한 것처럼 일제히 입을 다물었다. 비다쓰는 좌우로 늘어앉은 대신들을 한 번 바라본 뒤 입을 열었다.

"알다시피 백제는 아버지와 같은 나라다. 우리 왕가는 백제의 후손이며 백제의 성왕은 돌아가신 선왕의 사촌이시다. 따라서 나는 백제의 곤경을 그냥 보아 넘길 수가 없다. 내가 직접 가장 용맹한 병사들을 뽑아 성왕을 구하러 가겠다."

비다쓰의 말에 귀족들은 고개를 끄덕였다. 출정이 결정된 것이다. 비다쓰가 다시 말을 이었다.

"내가 떠나면 백성들이 동요할지도 모른다. 하지만 다행히도 이런 시기에 부처의 진신사리가 담긴 귀중한 불상이 이 땅에 왔다. 이는 틀림없이 부처의 뜻일 것이다. 금동석가상이 흔들리는 민심을 잡아 줄 것이다."

비다쓰의 말에 모든 사람들이 귀를 기울일 때였다. 한쪽에서 가만히 듣고 있던 지효가 카시기야에게 물었다.

"그런데 그 불상은 계속 궁전에 두는 거야? 아니면 다른 절로 옮기는 건가?"

지효의 목소리는 작았지만 궁전 안이 적막했던 까닭에 사람들의 귓가로 또렷이 파고들었다.

진신사리가 담긴 금동석가상을 모시는 절은 그것만으로도 야마토 최고의 절이라는 영광을 차지할 것이고, 수많은 신도들이 몰려들 터였다. 세넨무트는 순간 모든 사람들의 귀가 토끼처럼 쫑긋거리는 듯한 착각이 들었다.

비다쓰는 적절한 때에 질문을 던진 지효에게 고맙다는 듯 빙긋 웃음을 보였다.

"원하는 자는 누구든 절을 지어라. 담징 대사께서 가장 훌륭하다고 인정하는 절에 불상을 모실 것이다."

비다쓰는 영리한 왕이었다. 자신이 야마토를 비우는 동안 흔들릴지도 모를 백성들의 마음을 불상으로 다잡고, 절을 짓는 공사로 귀족들 간의 경쟁을 부추김으로써 혹시나 있을지도 모를 반란에 대비하려 했다.

 예상대로 궁 안은 조금 전보다 더욱 술렁였다. 수많은 귀족들의 눈동자가 서로를 견제하느라 번뜩였다. 비다쓰는 만족한 듯 미소를 지었다.

 "후보 자격이 따로 없다면 나도 끼고 싶은데?"

 그때 대전의 문이 좌우로 활짝 열리며 누군가가 걸어 들어왔다. 순간, 조금 전의 웅성거림은 거짓말처럼 사라지고 숨 막히는 침묵이 찾아들었다.

 "아나호베 왕자!"

 누군가 잔뜩 억눌린 목소리로 외쳤다.

변방에서 돌아온 아나호베 왕자

"아나호베 왕자?"

지효는 고개를 갸웃거리면서도 아나호베에게서 눈을 떼지 못했다. 그도 그럴 것이 아나호베의 외모는 무척 독특했기 때문이었다.

섬나라여서 그런지 지금까지 보아 왔던 이곳 사람들은 키가 작았다. 아직 소년티를 벗지 못한 세넨무트가 성인 병사들보다 오히려 클 정도였다. 그런데 아나호베는 세넨무트보다 두 뼘 정도가 더 큰 것 같았다. 그 때문에 가뜩이나 낮은 천장이 더욱 낮게 느껴졌다.

머리를 정수리로 틀어 올린 다른 왕족들과 달리 등 뒤로 길게 늘어뜨린 덥수룩한 머리카락과 짙은 눈썹 아래로 번뜩이는 야수 같은 눈동자, 소매가 없는 의상에 까무잡잡한 피부색까지, 아나호베는 지금까지 지효가 일본에 와서 만난 사람 중 가장 독특하고 강렬한 인상의 소유자였다. 세넨무트도 호기심이 생긴 듯 아나호베를 유심히 살펴보았다.

아나호베에게서 눈길을 떼지 못하는 것은 지효와 세넨무트만이 아니었다. 안에 모여 있던 귀족들과 왕족들 모두 주술에라도 걸린 듯 아나호베를 바라보았다. 특히 비다쓰는 죽은 사람이 살아 돌아온 듯 두 눈을 부릅떴다.

"왕자라면 동생 아니야? 그런데 왜 저렇게 보는 거지?"

세넨무트가 이해를 못하겠다는 듯 카시기야에게 조그만 목소리로 물었다. 카시기야가 입을 가린 채 속삭였다.

"아나호베 오빠는 선왕께서 후계자를 정할 때 비다쓰 오빠와 가장 치열하게 경쟁한 형제야. 둘 다 무예가 뛰어난 데다가 똑똑해서 선왕의 사랑을 받았거든."

카시기야의 이야기는 아나호베의 걸걸한 목소리에 의해 중단되었다.

"비다쓰 형님, 아니 전하라고 불러야 하나? 3년 만에 보는 동생인데 반가운 척이라도 해야 하는 거 아닌가? 형 덕분에 눈보라가 펄펄 날리는 곳에서 입만 산 늙은이들을 상대로 고군분투하고 왔다고."

"무사히 돌아왔구나. 환영한다."

비다쓰가 쓴웃음을 지었다.

"아, 배고프다. 뭐 먹을 거 좀 없나?"

아나호베는 그가 건네는 형식적인 인사에도 만족한 듯 고개를 끄덕이며 빈 상 앞에 털썩 주저앉았다. 그리고는 시녀가 허둥지둥 차려주는 음식들을 게걸스럽게 먹기 시작했다.

아나호베가 앉은 자리는 공교롭게도 지효의 바로 맞은편이었다. 지효는 지금까지 보아 왔던 사람들과 전혀 다른 그를 유심히 바라보았다.

지효의 시선을 느꼈는지 아나호베가 문득 고개를 번쩍 쳐들었다. 그리고는 지효와 눈이 마주치자 환하게 미소 지었다. 구릿빛으로 그을린 얼굴에 새하얀 이가 도드라지는 그런 웃음이었다. 지효는 문득 그가 아주 잘생겼다는 사실을 알아챘다.

'우와, 완전 짐승남이잖아?'

지효의 얼굴이 자신도 모르게 슬쩍 붉어졌다. 우연히 고개를 돌리다가 그 모습을 발견한 세넨무트가 나직이 한숨을 내쉬었다.

"쯧쯧…… 은지효, 넌 어떻게 왕자만 보면 정신을 못 차려?"

궁 밖으로 나와 정원을 걷던 카시기야는 지효와 세넨무트에게 대전에서 하지 못했던 아나호베 왕자에 대한 설명을 조금 더 자세히 해 주었다.

"비다쓰 오빠와 아나호베 오빠는 서로를 비춰 주는 거울이면서 서로 절대 겹쳐지지 않는 동전의 양면 같은 사이야."

카시기야의 말에 따르면 아나호베와 비다쓰는 여러모로 달랐다. 비다쓰가 자신을 백제의 왕족이라 칭하며 백제의 후손임을 자랑스러워하는 것과 달리 아나호베는 자신이 야마토의 왕족이라는 자부심이 더욱 강했다. 비다쓰는 백제의 문물이라면 무엇이든 받아들이려고 하지만 아나호베는 좀 촌스럽고 뒤떨어진 것일망정 야마토의 전통을 선호했다. 비다쓰는 학문을 우선시했고, 아나호베는 무예를 숭상하는, 뼛속까지 무사였다.

종교 문제에서도 둘은 대립했다. 비다쓰가 백제로부터 전파된 불교에 심취하여 불교로 백성들을 통합하려는 반면, 아나호베는 야마토에서 자생되어 대대로 물려 내려오는 민간신앙을 지켜야 한다고 주장했다.

극렬하게 대비되는 둘에게는 따르는 무리도 달랐다. 비다쓰의 뒤에는 백제에서 건너온 귀족들과 학자, 승려들이 있었고, 무사들과 지방의 토착 귀족들은 대부분 아나호베를 선호했다.

이토록 다른 두 사람이었지만 단 한 가지 공통점도 있었다. 바로 왕이 되고 싶어 한다는 야망!

"비다쓰 오빠도, 아나호베 오빠도 왕이 되기에 충분한 자격이 있었어. 따르는 추종자들의 수도 비슷했고. 그 때문에 선왕께서 후계를 결정할 때 많이 고민하셨지."

"그래도 비다쓰 전하를 택했잖아. 뭔가 조금 나은 구석이 있었겠지. 아니면 장남이라서 조금 더 유리했거나."

지효가 고개를 갸웃거렸다. 카시기야는 쓴웃음을 지으며 말을 이었다.

"사실 그때 비다쓰 오빠가 속임수를 썼어. 북쪽 토착 귀족들이 작은 소동을 일으켰는데 비다쓰 오빠는 그걸 대규모 반란이라고 고했어. 선왕께서는 대로하셔서 그 뒤처리를 아나호베 오빠에게 맡겼지. 불행하게도 그 다음 해에 선왕께서 돌아가셨고."

세넨무트가 작은 감탄사를 터뜨렸다.

"결국 비다쓰 왕은 경쟁자가 없는 시기에 손쉽게 왕위에 오를 수 있었겠구나."

카시기야가 고개를 끄덕였다. 지효는 뭔가 불만스러운 듯 입술을 삐죽였다.

"칫! 비다쓰 전하, 그렇게 안 봤는데 좀 치사했다."

"치사한 게 아니라 현명했던 거지. 내가 그때 여기 있었으면 분명 비다쓰 형이랑 한판 전쟁을 치렀을 테니까."

그때 불쑥 걸걸하고 낮은 목소리가 끼어들었다. 지효와 세넨무트, 그리고 카시기야는 깜짝 놀라 돌아섰다. 별채 정원으로 난 좁은 오솔길을 따라 아나호베가 걸어오고 있었다.

그는 성큼성큼 걸어 카시기야의 앞에 섰다. 그리고 커다란 손으로 카시기야의 양 볼을 꽉 꼬집었다.

"어구구, 꼬맹이 막내가 다 컸네. 언제 이렇게 컸다지?"

"꺄악! 이 불량 오빠, 다 큰 숙녀에게 이게 뭐하는 짓이에요?"

아나호베의 기습 공격에 카시기야가 괴성을 질렀다. 그러자 아나호베가 너털웃음을 터뜨렸다.

"으하하하! 이제야 옛날 땅꼬마로 돌아왔구나."

아나호베는 한바탕 웃은 뒤 지효와 세넨무트를 빤히 바라보았다. 카시기야가 서둘러 입을 열었다.

"아, 이쪽은 지효와 세넨무트. 둘 다 내 친구예요."

"아까 대전에서 봤어. 그리고 부탁이 하나 있는데 제발 날 왕자님이라고 부르지 말았으면 좋겠어. 난 누가 그렇게 부르면 닭살이 마구 돋거든. 그냥 친구처럼 친하게 지내자고. 응?"

앗, 하는 사이 아나호베는 지효와 세넨무트의 어깨에 커다란 손을 척 얹고는 주절주절 떠들어 댔다.

"궁전을 비운 새에 우리 막내가 지루한 요조숙녀처럼 변하면 어쩌나 걱정했는데 너희같이 재밌는 친구들이 생겨서 다행이다. 요즘 애들은 뭐하고 노냐? 나도 좀 끼워 줘라. 오랫동안 왕성을 비웠더니 유행을 알 수가 있어야 말이지."

아나호베는 자기 말이 재밌는지 잇따라 키득거렸다. 그의 어깨가 한 번 들썩거릴 때마다 어깨를 붙잡힌 지효와 세넨무트의 몸도 함께 흔들렸다. 지효와 세넨무트는 필사적으로 몸을 비틀어 간신히 아나호베의 손에서 빠져나올 수 있었다.

"어우, 아파. 어깨에 멍드는 줄 알았네."

"왕자가 아니라 호랑이한테 잡혀 있던 것 같아."

아나호베는 둘을 바라보며 피식 웃었다. 그리고 카시기야 쪽으로 돌아섰다.

"그나저나 막내야, 넌 나한테 언제 시집올 거냐?"

"시집?!"

"결혼?"

지효와 세넨무트는 동시에 비명을 지르며 카시기야를 돌아보았다.

"난 절대로 오빠랑 결혼 안 할 거라니까!"

카시기야는 순식간에 토마토처럼 벌겋게 익은 얼굴로 빽 소리쳤

다. 하지만 아나호베는 능글맞게 웃으며 품속에서 무언가를 꺼냈다.

"어허, 무슨 소리야? 이걸 벌써 잊은 건 아니겠지?"

이미 결혼이라는 말에 호기심이 머리끝까지 닿아 있는 지효와 세넨무트가 그것을 놓칠 리가 없었다. 그리고 다음 순간 둘은 어이가 없다는 듯 똑같이 중얼거렸다.

"뭐야, 저 꼬질꼬질한 누더기는……."

"뭘 만들다 만 것 같은데? 오리 같기도 하고 너구리 같기도 하고."

"고양이거든?!"

카시기야는 빽 소리를 치며 아나호베의 손을 향해 재빨리 손을 내뻗었다.

"그걸 아직도 가지고 있으면 어떻게 해요? 이리 내 놔요!"

"네가 이거 주면서 꼭 나랑 결혼하겠다고 했잖아. 기억 안 나?"

"아악! 그건 내가 여덟 살 꼬맹이였을 때 그런 거잖아요!"

"그래도 약속은 약속이지."

아나호베는 악동 같은 미소를 지으며 인형을 든 손을 높이 들어 올렸다. 카시기야는 어떻게든 그것을 빼앗으려 제자리에서 폴짝폴짝 뛰어 봤지만 키가 장대처럼 큰 아나호베에게서 인형을 빼앗기는 불가능했다.

"아악! 오빠는 어떻게 3년이나 고생하고 왔다면서 그 못돼먹은 심통은 하나도 안 줄었어? 꼴도 보기 싫어!"

결국 카시기야는 화가 잔뜩 난 얼굴로 휙 돌아섰다. 그리고는 씩씩 콧김을 뿜어 가며 별채로 쏙 들어가 버렸다.

"어어…… 카시기야!"

장난이 지나쳤다는 것을 알아챈 아나호베가 뒤늦게 카시기야를 불렀지만 이미 문은 굳게 닫힌 뒤였다.

"그러게 좀 적당히 하시지 그랬어요?"

지효가 혀를 끌끌 찼다. 아나호베는 땅이 꺼져라 한숨을 내쉬며 지효의 손을 덥석 잡았다.

"네가 나 대신 말 좀 잘해 줘라. 내가 무지 미안해하더라고. 응?"

"그걸 아시면 이건 그만 돌려주시는 게 좋을 것 같은데요, 왕자님?"

그때 옆에 가만히 서 있던 세넨무트가 벼락같이 손을 뻗어 아나호베가 들고 있던 인형을 낚아챘다. 앗, 하는 사이 손때 묻은 고양이 인형은 아나호베의 손에서 세넨무트의 손으로 옮겨 갔다.

"이봐, 그건 내 거라고."

아나호베가 세넨무트에게로 달려들었다. 하지만 세넨무트는 어느새 저만치 뒤로 물러서 있었다. 아나호베의 눈에서 불꽃이 튀었다.

"꼬맹이 너, 지금 내놓지 않으면 후회할걸?"

"어디 한번 그렇게 만들어 보시지요, 왕자님."

세넨무트는 일부러 아나호베를 왕자님이라고 깍듯하게 부르며 그를 자극했다. 아나호베는 흥, 콧방귀를 한 번 뀌며 재빨리 세넨무트에게 달려들었다.

"얼마든지!"

하지만 세넨무트는 좀처럼 그의 손에 잡히지 않았다. 세넨무트와 아나호베는 거리를 유지한 채 좁은 정원을 이리저리 뛰고 달렸다. 세넨무트는 원숭이처럼 재빠르게 다리 난간을 타고 넘으며, 나무 사이로 빠져나갔다. 반면 아나호베는 옷이 젖는 것도 아랑곳하지 않고 첨벙첨벙 개울물 속으로 뛰어드는가 하면 나뭇가지를 뚝뚝 부러뜨렸다.

둘이 난리를 치는 바람에 정원은 순식간에 전쟁터라도 된 듯 엉망이 되었다. 화단의 꽃은 다 밟혀 쓰러지고, 여린 나뭇잎들은 태풍이라도 만난 듯 사방으로 흩날렸다.

둘 사이에 끼어 졸지에 그 아수라장 한가운데 갇힌 채 사방에서 날아오는 나뭇가지에 얻어맞던 지효는 뾰족한 돌멩이가 정강이에 부딪히자 더 이상 참지 못하고 빽, 소리쳤다.

"둘 다 그마아아아안!"

지효의 찢어질 듯한 비명에 세넨무트가 거짓말처럼 우뚝 멈췄다.

"어어어……!"

동시에 세넨무트의 뒤를 쫓던 아나호베의 입에서 다급한 신음 소리가 새어 나왔다. 그리고 다음 순간 둘은 한 덩어리로 뭉쳐져서 나뭇잎 쌓인 정원을 굴렀다. 한참을 구른 끝에 둘이 철퍼덕 엎어진 곳은 지효의 발 앞이었다. 머리에 나뭇가지를 잔뜩 꽂은 채 지효는 암호랑이처럼 눈을 번뜩이며 세넨무트가 손에 쥔 인형을 사납게 낚아챘다. 그리고 바닥에 쓰러진 둘을 노려보며 이를 빠득 갈았다.

"아나호베! 세넨무트! 둘 다 한 번만 더 이따위로 유치하게 굴면 나한테 죽을 줄 알아!"

지효마저 별채로 들어가자 세넨무트와 아나호베는 머쓱한 얼굴로 자리에서 일어났다.

"흠흠, 너 되게 빠르더라."

아나호베는 한참이나 먼 산을 바라보다가 불쑥 말했다. 세넨무트도 마찬가지로 어색한 듯 딴청을 피우며 대답했다.

"왕자님도 왕족치고는 제법이십니다."

"야, 그 왕자님이라는 말 싫어한다니까."

"왕자님을 왕자님이라고 부르지 뭐라고 부릅니까?"

"조금 전 지효가 했던 것처럼 아나호베라고 불러. 친구처럼."

세넨무트가 샐쭉한 눈으로 그를 바라보았다.

"지효는 지나치게 단순무식한 애라 생각이 모자라서 그런 거죠. 저까지 그럴 수는 없습니다. 왕자님도 왕족이시면 왕족답게 구시죠."

세넨무트의 말에 아나호베는 화가 난 듯 눈을 치켜떴다가 고개를 갸웃거렸다.

"그나저나 넌 왜 그렇게 나한테 화가 난 거냐? 설마 카시기야를 놀려서?"

세넨무트는 부정도 긍정도 하지 않은 채 잠시 아나호베를 뚫어져라 바라보았다. 그리고는 입을 삐죽이며 돌아섰다.

아나호베는 뒤통수를 맞은 듯 잠시 멍하게 서 있다가 세넨무트의 뒷모습에 대고 외쳤다.

"야, 너 설마…… 아니지? 그치? 아니라고 해! 인마, 어디 가?"

하지만 아나호베는 세넨무트의 뒤를 따라가지 못했다. 등 뒤에서 누군가 그의 이름을 불렀기 때문이었다.

"아우, 진짜. 남자들은 왜 저렇게 유치한지 몰라. 고작 인형 하나에 아주 목숨을 걸더라."

방으로 돌아온 지효는 고개를 설레설레 저으며 의자에 털썩 주저앉았다. 그리고 세넨무트에게서 뺏어 온 인형을 카시기야에게 건네주었다.

"그런데 너 그거 진짜 직접 만든 거야?"

카시기야는 헝겊 인형을 가만히 내려다보다가 피식 웃었다.

"맞아. 지금 다시 보니까 진짜 창피하다. 누가 보기 전에 빨리 내다 버려야겠어."

하지만 말과는 달리 카시기야는 낡아 빠진 인형을 무척이나 조심스럽게 집어 들어 서랍 깊숙이 넣었다. 그런 카시기야의 행동을 잠자코 지켜보던 지효는 문득 고개를 돌려 문밖을 바라보았다. 그리고는 자기도 모르게 엇, 하는 소리를 질렀다. 정원 안으로 한 무리의 사내들이 다가왔던 것이다. 수염이 덥수룩하게 난 사람들부터 지효만큼이나 어린 소년까지 무척 다양한 연령의 사람들이었다. 그들은 혼자 남은 아나호베의 앞에 멈춰 섰다.

"저 사람들, 누구야?"

문가로 다가온 카시기야는 그들을 보는 순간 무거운 한숨을 내쉬었다.

"드디어 올 게 왔나 보구나."

"응? 올 게 왔다니 그게 무슨 소리야?"

"저들은 아나호베 오빠를 우상처럼 떠받들며 어떻게 해서든 아나호베 오빠를 왕으로 만들려는 사람들이야. 특히 저 맨 앞에 서 있는 모리야의 집념은 무서울 정도지."

카시기야는 아나호베의 정면에 선 사내를 가리켰다. 뱀처럼 차가운 인상의 사내였다. 카시기야는 그가 모노노베 가문의 모리야라고 알려 주었다.

모노노베 가문은 카시기야의 외가인 소가 가문과 쌍벽을 이루는 야마토 제일의 가문 중 하나였다. 그 가문의 주인인 모리야는 어렸을 때부터 모노노베 가문이 야마토 제일의 가문으로 도약하는 것을 꿈꾸어 왔다. 하지만 그의 이런 꿈은 항상 소가 가문에 막혀 물거품이 되곤 했다. 오랜 기간 2인자로 살아온 그의 단 하나의 소원은 소가의 콧대를 꺾고 모노노베 가문이 야마토 최고의 자리에 오르는 것이었다.

모리야의 양옆에는 아나호베와 닮은 야카베 왕자와 하쓰세베 왕자가 서 있었다. 짙은 눈썹과 그 아래로 드러난 검고 깊은 눈동자가 아나호베와 친형제임을 말해 주고 있었다. 세 청년의 뒤에는 그들과 비슷한 또래의 무사들과, 야마토 전통 신앙을 지키고 있는 나카토미 가문의 음양사陰陽師, 길흉화복을 예언하는 사람들이 줄지어 서 있었다.

"저들은 왕위 계승자를 정하기 직전, 아나호베 오빠를 변방으로 추방하다시피 한 비다쓰 오빠를 줄곧 원망해 왔어."

"그랬구나."

지효는 불안한 눈으로 아나호베를 빙 둘러싼 사람들을 바라보았다. 들뜬 기대감과 기이한 열망이 그들의 얼굴에 피어 있었다. 지효의 마음 한구석에서 스멀스멀 불안감이 피어올랐다.

지효의 불안감은 그대로 적중했다. 다음 날부터 궁전 안은 눈에 보이지 않는 선이 그어진 듯 두 무리로 나뉘어졌다. 한 무리는 비다쓰와 소가 가문을 중심으로 하는 숭불파, 그리고 다른 한쪽은 아나호베 왕자와 모리야를 중심으로 하는 배불파였다.

숭불파는 불교와 그 불교를 전파한 백제에 호의적이었으며, 반대로 배불파는 불교가 야마토 전통 신앙을 말살하려 한다는 주장을 내세워 불교를 배척했다.

비다쓰는 궁전 안에 감도는 싸늘한 공기에 쓴 입맛을 다셨다. 그렇다고 아나호베를 다시 멀리 보낼 수도 없었다. 억지로 그를 궁전에서 내쫓는다면 이번에야말로 반란이 일어날 것이 자명했기 때문이었다. 더구나 이제 비다쓰는 백제를 지원하기 위해 출정해야만 했다.

"하필 지금 같은 때에……."

비다쓰는 고민 끝에 아나호베를 불러들였다.

아나호베가 비다쓰에게 불려 갔다는 소식은 눈 깜빡할 사이 사방으로 퍼져 나갔다. 가뜩이나 불안감을 숨기지 못하고 있던 카시기야는 지효와 세넨무트와 함께 서둘러 대전 앞으로 달려갔다.

대전 안은 어떻게 알고 몰려온 숭불파와 배불파 귀족들로 가득했다. 대전의 양쪽 벽을 따라 앉은 두 무리는 서로를 노려보고 있었다.

두 무리의 대표라 할 수 있는 아나호베와 비다쓰 사이에도 긴장감 넘치는 시선이 오갔다. 대전 밖에는 한여름의 태양 볕이 작열하고 있는데 대전 안의 공기는 냉동고 저리 가라 할 정도로 서늘했다. 카시기야와 지효, 세넨무트는 숨소리도 크게 내지 못한 채 대전의 한구석에 슬그머니 자리를 잡았다.

긴장감이 최고조에 이를 무렵 비다쓰가 아나호베를 향해 입을 열었다.

"믿을지는 모르겠지만 네가 돌아와서 무척 기쁘다."

아나호베는 냉랭하게 웃으며 받아쳤다.

"그거야말로 믿기 힘든 말인데, 형님? 이제부터 사이좋은 형제 놀이라도 하자는 거야?"

"무례하오!"

"전하께 그 무슨……!"

아나호베를 은근히 노려보던 숭불파 귀족들 사이에서 비난이 터져 나왔다.

"흥! 비다쓰 전하께서 아나호베 왕자를 추방하지만 않으셨다면 왕좌의 주인이 바뀌었을지도 모르는 일 아니오?"

배불파 사이에서도 비난 섞인 고성이 튀어나왔다. 대전 안의 공기는 한층 더 경직되었다.

비다쓰는 논쟁이 가열되기 전에 한쪽 손을 번쩍 들어 올렸다.

"모두 그만하시오."

낮으면서도 위엄 있는 그의 목소리에 주변은 금세 조용해졌다. 비다쓰가 다시 말했다.

"오늘 이 자리는 담징 대사께서 가지고 온 금동석가상에 대해 이야기를 나누기 위한 자리요. 모두 경솔한 언동을 삼가기 바라오."

그 말에 모든 사람들의 시선이 비다쓰에게로 향했다. 하지만 비다쓰는 아나호베를 바라보며 말했다.

"말했던 것처럼 원한다면 누구라도 불상을 모실 절을 지을 수 있다. 그것은 너도 마찬가지다."

비다쓰의 말에 대전 안은 낮은 술렁임이 일었다. 아나호베가 눈썹 사이를 찡그렸다.

"무슨 생각이지? 또 무슨 꿍꿍이야?"

"꿍꿍이는 없어. 감히 부처를 가지고 내기를 할 만큼 어리석지는 않으니까. 그리고 어차피 최종 결정은 내가 아니라 담징 대사께서 하실 거야. 대사께서는 누가 어떤 절을 지었는지 모르실 테고, 불상과 가장 잘 어울리는 절을 택하실 테니까. 어찌 보면 가장 공평하다고 할 수 있지."

비다쓰의 말에 대전 안에는 조금 전과는 전혀 다른 술렁임이 번졌다. 아나호베는 흥미롭다는 듯 눈을 빛냈다.

"그렇단 말이지? 이거 도전 정신이 팍팍 생기는데?"

비다쓰는 그럴 줄 알았다는 듯 씩 웃었다. 그리고는 다시 말을 이었다.

"알다시피 나는 곧 신라 정벌을 위해 야마토를 떠날 예정이다. 만약 네가 말썽을 부리지 않고 담징 대사께서 만족할 만한 절을 짓는다면 특별한 선물 하나를 더 줄 생각이다."

"선물?"

아나호베는 고개를 갸웃거렸다. 비다쓰는 그에게 몸을 기울이며 말했다.

"아직 장가 못 간 너에게 신붓감을 마련해 주지."

드물게 그의 눈빛이 장난스럽게 번뜩였다. 그리고 잔뜩 목소리를 죽여 덧붙였다.

"요즘 내가 카시기야의 신랑감을 찾고 있는 중이거든."

"그 말은 나에게 카시기야를 주겠다는 말이야?"

아나호베의 눈이 동그래졌다. 비다쓰는 고개를 끄덕였다.

"왈가닥 공주이긴 하지만 카시기야 정도면 꽤 훌륭한 신붓감이지."

그의 말에 아나호베는 물론이고 그를 따르는 모든 사람들의 얼굴이 환해졌다.

아나호베는 이것이 비다쓰가 던지는 당근이라는 것을 알아챘다. 하지만 거절하기엔 너무 달콤한 제안이었다. 카시기야는 비다쓰의 이복동생으로, 죽은 긴메이 선왕과 왕후 사이에서 태어난 공주였다. 선왕과 후궁 사이에서 태어난 자신보다 훨씬 고결한 혈통인 것이다. 만약 자신의 바람대로 훗날 왕위에 오른다면 카시기야는 그의 정통성을 보장해 주는 최고의 카드가 될 터였다.

게다가 아나호베는 아주 오래전부터 카시기야를 좋아하고 있던 터였다. 단지 어려서부터 남자들 사이에서 지내고, 거기에 최근 몇 년간은 칼바람이 몰아치는 변방에서 지낸 탓에 자신의 감정을 표현하지 못했던 것뿐이었다.

"그 약속은 꼭 지키길 바라."

아나호베는 커다란 미소로 비다쓰의 호의 아닌 호의를 받아들이기

로 했음을 알렸다. 비다쓰와 아나호베 간의 긴장이 조금 누그러지자 대전 안의 온도가 몇 도쯤 올라간 듯했다.

하지만 바로 그때 아무도 예상하지 못했던 일이 벌어졌다. 대전 구석에 쪼그리고 앉아 있던 카시기야가 벌떡 일어나며 버럭 고함을 질렀던 것이다.

"아니, 그런 말도 안 되는 조건이 어디 있어요? 내 결혼을 왜 전하 마음대로 정해요?"

카시기야가 대전에 들어온 줄 몰랐던 비다쓰와 아나호베의 얼굴이 단번에 굳어졌다.

"카시기야, 너……."

"난 결혼할 생각 없어요. 대체 내 결혼이 왜 이런 자리에서 논의되는 거예요? 그런 말도 안 되는 약속 당장 취소하세요."

머리끝까지 치밀어 오른 화 때문에 카시기야의 얼굴은 벌겋게 달아올랐다.

비다쓰는 낮고 엄한 목소리로 말했다.

"이곳은 나라의 일을 논의하는 자리다. 여자인 네가 함부로 끼어들 자리가 아니야."

"하지만 전하……."

"그만! 넌 얌전히 있다가 내가 정해 주는 사람에게 시집가면 돼. 너의 의견은 물어본 적도 없고, 듣고 싶지도 않아."

비다쓰의 엄격한 목소리에 카시기야는 대꾸도 하지 못한 채 입술을 질끈 깨물었다.

카시기야보다 더 열 받은 것은 지효였다. 평소에 다정한 오빠의 전형을 보이던 비다쓰의 달라진 모습에 지효는 버럭 외쳤다.

"아니, 결혼할 당사자는 카시기야인데 왜 아무 말도 못하게 해요? 그게 더 말이 안 되잖아요? 게다가 무슨 결혼을 벌써 해요? 우리 나이가 몇인데!"

"조용히 해! 여기는 대전이다. 여자들이 감히 나설 자리가 아니야!"

"만약 담징 대사께서 다른 사람이 지은 절에 금동석가상을 모시기로 한다면, 그 절을 지은 사람이 카시기야와 결혼하는 겁니까?"

바로 그때 묵묵히 입을 다물고 있던 세넨무트가 벌떡 일어나며 말했다. 사람들의 시선이 한순간 그에게 쏠렸다.

"또 너냐?"

순간 아나호베가 인상을 찡그리며 세넨무트를 노려보았다. 세넨무트 또한 날카로운 시선으로 그를 바라보았다.

비다쓰는 세넨무트와 아나호베의 시선이 허공에서 부딪히자 뭔가 재밌는 생각이 떠오른 듯 눈을 번뜩였다.

"당연하지. 담징 대사를 만족시킬 정도라면 카시기야의 신랑감으로 충분하지. 이럴 게 아니라 이참에 카시기야와 결혼하길 원하는 신랑감 후보들은 죄다 도전하라고."

비다쓰의 말에 아나호베는 당황한 듯 눈을 동그랗게 떴다.

"아니, 형님! 그런 법이……."

"좋습니다. 역시 경쟁은 공정해야 하지요. 저도 절을 짓겠습니다."

"저희 가문도 이번 경쟁에 참여하겠습니다. 전하께서도 아시다시

피 저희 아들 녀석도 혼기가 꽉 찼습니다."

"염치없지만 저도 어디 하나 나무랄 데 없는 사내입니다."

아나호베의 항의는 사방에서 터져 나온 대신들의 외침에 묻혀버렸다. 귀족들이 열을 올리자 비다쓰는 만족한 듯 껄껄 웃었다.

"모두들 힘을 내서 크고 훌륭한 사찰을 지으시오. 담징 대사께서 어떤 절을 택하든지 그 절을 지은 사람이 카시기야의 남편이 될 거요."

아나호베는 이렇게 된 게 다 세넨무트 탓이라는 듯 그를 죽일 것처럼 노려보았다.

대전에서 나오자마자 카시기야와 지효는 머리를 움켜잡았다.

"아악! 이러다가 주름이 자글자글한 아저씨한테 시집가는 거 아니야?"

"아까 봤어? 웬 할아버지도 도전하셨다고. 아니 대체 그 연세에 왜 아직 총각인 거야?"

그때 세넨무트가 말했다.

"나만 믿어. 반드시 이기게 해 줄 테니까."

그의 말에 지효와 카시기야가 동시에 그를 올려다보았다. 카시기야를 바라보며 미소 짓는 세넨무트는 오늘따라 무척 당당해 보였다. 그 사이로 얼핏 따뜻함을 느낀 지효는 약간의 당혹감과 씁쓸함에 슬그머니 고개를 돌려야 했다.

'어차피 난 저 녀석을 좋아하는 게 아니야. 오히려 딱 질색이지. 내가 좋아하는 건 준수라고. 저 녀석은 단지 껍데기만 준수랑 똑같을

뿐이야.'

지효는 속으로 끊임없이 준수의 이름을 되뇌며 대전을 벗어났다.

"이봐, 꼬맹이. 대체 네 친구 녀석은 무슨 꿍꿍이인 거야? 정말 카시기야랑 결혼해서 야마토의 왕이라도 되고 싶대?"

대전의 모퉁이를 돌자마자 아나호베가 앞을 막아섰다. 그는 성난 늑대처럼 으르렁거리고 있었다.

지효는 어깨를 으쓱거렸다.

"모르지. 저 녀석 속을 내가 어떻게 알아?"

"네가 모르면 누가 알아?"

아나호베의 고함에 지효도 발끈해서 외쳤다.

"그러게 왜 결혼 얘기를 꺼낸 거야? 이게 다 아나호베 너 때문이라고! 세넨무트에게 지기만 해 봐!"

아나호베는 자신에게 빽, 고함을 친 뒤 씩씩거리며 걸어가는 지효의 뒷모습을 보며 고개를 갸웃거렸다.

"세넨무트 녀석은 카시기야와 내가 결혼하지 못하게 하려고 펄펄 뛰는데, 쟤는 나보고 꼭 이기라고? 대체 뭐가 어떻게 돌아가는 거야?"

진신사리를 모실 절을 지어라!

    비다쓰는 그 다음 날 예정대로 백제를 향해 떠났다. 잘 손질된 갑옷을 입고 새하얀 말에 올라탄 그는 처음 해적들의 소굴에서 봤던 때보다 몇 배는 더 멋있었다.
    그의 등 뒤에는 야마토에서 가장 용맹하다는 병사들이 자로 잰 듯 줄을 맞추어 끝없이 늘어서 있었다. 열기를 품은 햇살이 그들의 손에 들린 무기에 부딪혀 산산이 부서졌다.
    출정하지 않는 왕족들과 귀족들은 비다쓰와 병사들을 배웅하기 위해 높은 성벽에 길게 늘어서 있었다. 카시기야와 지효도 그 사이에 끼어 있었다. 세넨무트는 어디에 처박혀 있는지 새벽부터 코빼기도 보이지 않았다.
    "골치 아픈 문제를 왜 던져놓고 가는 거야? 칫!"

지효는 자신들이 있는 쪽을 향해 손을 흔드는 비다쓰를 보며 툴툴거렸다. 카시기야도 그게 불만이긴 했지만 전쟁터에 나가는 오빠에 대한 걱정이 더 컸던지 눈에는 눈물이 그렁그렁 맺혀 있었다.

"부디 모두 살아 돌아와야 할 텐데."

"우와아아~! 승리를 위해!"

"비다쓰 전하 만세!"

어느새 비다쓰는 왕궁 앞 길가로 나서고 있었다. 길 양옆에 늘어선 백성들은 왕과 병사들을 보자 큰 소리로 비다쓰의 이름을 연호하며 승리를 기원했다. 그 가운데에는 흐느껴 우는 사람들도 섞여 있었다. 출정하는 병사의 가족들로 보였다. 그제야 저들 중에서 끝내 돌아오지 못할 사람이 있을 거라는 생각에 지효는 입술을 꾹 깨물었다.

비다쓰를 뒤따르는 병사들의 길고 긴 행렬이 마침내 왕성을 벗어났다. 길 양옆에 빼곡히 서 있던 사람들은 언제 출정식이 있었냐는 듯 다시 일상으로 돌아갔고, 성벽 위에 늘어섰던 귀족들도 무거운 얼굴로 발걸음을 돌렸다. 다만 카시기야만이 뭔가 불안한 듯 오래도록 이제는 보이지도 않는 행렬을 눈으로 좇고 있었다. 마치 혼자만의 세계에 빠진 듯한 그녀의 뒷모습에 지효는 발소리를 죽여 성벽을 내려왔다.

"너, 정말 나랑 결혼하기가 그렇게 싫었어?"

한참 동안 혼자 서 있던 카시기야의 귓가에 굵직한 목소리가 들렸다. 흠칫 놀라 돌아보니 아나호베가 성벽에 기대어 서 있었다. 지효는 어디론가 사라졌는지 보이지 않았다.

출정식에 참석하느라 차려입었던 복잡한 예복을 벗어던진 아나호베는 평민보다 더 간단한 옷차림을 하고 있었다.

"그런 건 아니에요. 난 누군가 내 인생을 마음대로 하는 게 싫을 뿐이에요."

"공주로 태어난 이상 넌 누군가와는 결혼해야만 해."

아나호베의 말에 카시기야는 고개를 푹 떨어뜨렸다. 그리고 중얼거렸다.

"설사 그렇더라도 이렇게 물건처럼 팔려가는 건 싫다고요. 그 상대가 아무리 작은 오빠라도……."

카시기야의 목소리는 점점 작아져 나중에는 자신의 귀에도 잘 들리지 않을 정도로 사그라졌다.

카시기야가 입을 다물자 성벽 위에는 무거운 침묵이 감돌았다. 그 무거움을 견디지 못하겠다는 듯 카시기야는 종종걸음으로 성벽 아래로 내려갔다.

혼자 남은 아나호베는 조금 전 카시기야가 그랬던 것처럼 비다쓰가 떠난 방향을 지그시 바라보다가 문득 말했다.

"형이 영리하다는 건 인정해. 떠나면서도 여전히 제멋대로 야마토를 주무르는군. 심지어 나까지……. 하여튼 잔꾀 하나는 천하제일이란 말이야."

그는 마음에 들지 않는다는 듯 혀를 찬 뒤 고개를 돌렸다. 멀리 카시기야의 뒷모습이 보였다. 그녀의 긴 머리카락과 옷자락이 때마침

불어온 미풍에 꽃잎처럼 흩날렸다.

"하지만 이번만은 형의 장단에 춤을 추어 주지. 카시기야만큼은 절대 다른 녀석에게 양보할 수가 없으니까 말이야."

아나호베는 왼쪽 가슴 위에 손을 올렸다. 두근두근 빠르게 뛰는 심장 고동이 얇은 천 아래로 선명하게 느껴졌다.

비다쓰가 자리를 비운 다음 날부터 왕성 안팎은 시장 바닥처럼 시끌벅적해졌다. 야마토에서 돈 많고 힘깨나 쓴다 싶은 귀족들이 앞 다투어 백제인들의 마을인 구다라로 우르르 몰려갔기 때문이었다. 귀족들은 체면이 깎이는 것도 불사한 채 백제에서 건너온 이름난 건축가를 모셔가기 위해 필사적이었다.

건축가들 중에서 가장 인기가 높은 것은 역시나 절을 전문적으로 짓는 목수, 그중에서도 절을 짓는 명인이었다. 그들을 데려가기 위해 귀족들은 번쩍이는 누런 황금이 든 주머니 끈을 아낌없이 풀었다.

그뿐만이 아니었다. 기와를 굽는 기술자인 와박사瓦博士, 백제 때 기와를 전문적으로 만드는 기술자에게 주는 벼슬들과 탑의 꼭대기를 만드는 노반박사鑪盤博士, 백제 때 금속을 골라내는 기술을 갖춘 장인, 절을 더욱 아름답게 꾸며줄 금속공예가들의 집 대문 앞에는 귀족들이 보낸 하인들로 장사진을 이루었다.

유명한 지관地官, 풍수를 보는 사람들 역시 야마토 전역에서 왕성으로 불려 왔다. 그들은 반드시 진신사리가 들어 있는 금동석가상을 손에 넣어야만 한다는 귀족들의 한바탕 열띤 연설을 들은 뒤 오행과 십육

방위, 육십갑자가 빈틈없이 새겨진 패철을 들고 명당자리를 찾기 위해 산으로 들로 쏟아져 나왔다. 금동석가상과 카시기야라는 엄청난 보상이 걸린 전쟁이 시작된 것이다.

이 내기에서 가장 유리한 사람은 아나호베였다. 왕족이라는 지위도 지위려니와 오랜 기간 왕위를 노리는 사내답게 명망 있는 귀족들을 자기편으로 만들었기 때문이었다. 그중 단연코 큰 힘이 되어준 것은 모노노베 모리야였다. 모리야는 누구보다 뛰어난 장인들을 데리고 있었다.

아나호베가 건축가들에게 요구한 것은 단 한 가지였다.

"가장 백제다운 절을 지어라. 담징 대사가 이곳이 야마토인 것을 잊을 정도로."

그는 백제의 문물과 불교를 좋아하지 않았다. 하지만 이번 내기에서 이기려면 어쩔 수 없는 일이었다. 그의 마음을 헤아린 듯 모리야는 가문에 속한 땅 중 가장 풍광이 수려한 곳을 절터로 내놓았다.

"고마워. 나는 내가 가진 사냥터를 내놓을 생각이었는데."

모리야는 아나호베의 말에 피식 웃었다.

"거긴 정말 첩첩산중이잖습니까. 왕자님이 아닌, 다른 사람은 거기까지 가는 데만도 이틀은 족히 걸릴 것입니다."

"그런가?"

아나호베는 시원하게 웃다가 문득 물었다.

"우리 말고 다른 귀족들은 어때?"

"실력이 고만고만한 장인들을 데리고 갔으니 결과물도 비슷하게 나올 것입니다."

"세넨무트라는 녀석은 어떻게 하고 있지?"

모리야는 피식 웃었다.

"그쪽은 굳이 왕자님께서 신경 쓰지 않으셔도 될 겁니다."

며칠째 지효는 구다라의 거리에서 한창 입씨름을 하고 있었다. 절을 짓는 일은 단순하지 않았다. 건축을 위한 도면은 자칭, 타칭 천재 건축가인 세넨무트가 해결한다고 해도 그 밖의 재료들, 즉 기둥을 세울 통나무와 지붕을 얹을 기와, 석등을 세울 돌덩어리까지 구해야 할 게 태산이었다.

"아니, 아저씨! 목재상에 왜 나무가 없어요? 그게 말이 돼요?"

"많았지. 안 팔려서 걱정일 정도로. 그랬는데 요 며칠 깡그리 팔렸지 뭐냐. 창고에 쌓인 건 물론이고 아직 마르지 않은 생나무까지 죄다. 봐라, 먼지만 날리잖아?"

"에? 그럼 팔고 남은 거라도 주세요."

"그게…… 남은 것도 죄다 예약이 되어 있어서. 미안하다."

목재상뿐이 아니었다. 대장공도, 석재상도, 기와를 굽는 와공들도 텅 빈 창고를 보이며 고개를 설레설레 저었다. 구할 수 있는 것이라고는 중간에 옹이가 진 나무 기둥이나 한쪽에 금이 간 화강암 덩어리뿐이었다.

힘 빠진 걸음으로 어깨를 늘어뜨린 채 돌아오는 지효의 마음은 발걸음보다 더 무거웠다. 왕궁 앞에서 그런 지효를 발견한 카시기야의 얼굴 또한 썩 좋지는 않았다.

"뭐야? 너도 허탕이야?"

지효가 힘 빠진 목소리로 물었다. 지효가 절을 지을 재료들을 구하러 간 사이 카시기야는 절터를 알아보러 다녔던 것이다.

카시기야는 고개를 한 번 젓고는 말했다.

"쓸 만한 땅은 벌써 누군가가 죄다 사들였더라고. 그나마 왕궁 소유의 사냥터 한쪽을 빌리긴 했는데 너무 멀고 힘해서 제대로 공사를 할 수 있을지 모르겠어."

지효는 반색을 했다.

"무슨 소리야? 그거라도 구한 게 어딘데. 절터를 구했으면 일은 반쯤 된 거지. 안 되겠다. 여기서 버텨 봐야 더 나올 것도 없으니까 빨리 출발하자. 모자란 건 가서 조달하지 뭐."

지효는 시무룩한 얼굴을 하고 있는 카시기야의 손을 잡았다. 그리고 한쪽 눈을 찡긋거렸다.

"그리고 우리에겐 비장의 무기 세넨무트가 있잖아. 그 녀석만 있으면 이번 내기는 땅 짚고 헤엄치기라고."

카시기야가 눈을 가늘게 뜨고 물었다.

"세넨무트가 정말 그렇게 뛰어난 건축가야?"

"그렇다니까. 내 입으로 인정하긴 죽기보다 싫지만 그 녀석 진짜 똑똑하거든. 한번은 흐르는 모래 속에서 신전을 찾아낸 적도 있어. 그리고 그걸 사흘 만에 다른 도시로 옮기기도 하고."

"정말? 도저히 믿을 수가 없어."

"그 믿기 힘든 일을 해낸 녀석이 바로 그 재수 덩어리야. 그러니까 일단 믿어. 지금도 며칠째 미친 사람처럼 도면만 그려대고 있잖아. 그러니까 넌 아무 걱정 말고 푹 자."

"헉헉……!"
 카시기야가 구한 절터는 깎아지른 산길을 한참이나 올라가야 하는 곳이었다. 좁은 오솔길을 반나절 넘게 오른 끝에 제법 너른 평지가 나오자 지효는 흙바닥에 털썩 주저앉았다. 카시기야도 공주라는 신분을 잊은 듯 지효의 옆에 자리를 잡고 앉았다. 산 아랫마을에서 부랴부랴 구한 인부들도 등에 진 짐을 내려놓으며 턱까지 닿은 숨을 토해 냈다. 멀쩡한 얼굴로 서 있는 것은 세넨무트 하나뿐이었다.
 세넨무트는 절터의 가운데 서서 찬찬히 주변을 한 바퀴 돌아보았다. 말은 산 중턱이라고 하지만 거의 꼭대기나 다름없었다. 뒤는 울창한 소나무 숲이었고, 앞은 깎아지른 절벽이었다. 들어오는 길도 좁디좁은 오솔길 하나뿐이었다. 세넨무트는 자신도 모르게 한숨이 새어 나왔다.
 "왕궁 소유의 사냥터라더니 정말 산짐승이나 다닐 법한 곳이네."
 "그래도 풍경 하나는 기가 막히게 좋잖아."
 어느새 옆으로 다가온 카시기야가 말을 받았다. 그녀의 말대로 앞이 뻥 뚫려 있어서 병풍처럼 늘어선 바위 절벽과 낮게 깔린 산안개가 한눈에 들어왔다. 광활한 사막과 거대한 신전들이 즐비하게 늘어서 있던 이집트와는 너무나도 다른, 마치 먹과 물로 그린 한 폭의 수묵

화 같은 풍경에 세넨무트는 저도 모르게 빙긋이 미소를 지었다.

"동방의 풍경은 확실히 설명하지 못할 아름다움을 품고 있어."

하지만 세넨무트는 그 다음에 이어 하려던, 카시기야 역시 그런 아름다움을 가지고 있다는 말을 입 밖으로 선뜻 내지 못했다. 그리고는 자신도 모르게 힐끗 뒤를 돌아보았다. 거기에는 지효가 짐을 지고 온 인부들과 함께 점심으로 싸 온 주먹밥과 물을 나누어 먹고 있었.

사람들 속에 섞여 있는 지효는 무척 편안해 보였다.

"뭘 멀뚱히 보고 있어? 너도 배고프면 얼른 와."

그의 시선을 느꼈는지 지효가 세넨무트에게 손짓을 했다. 세넨무트는 자기도 모르게 움찔하며 한 발 뒤로 물러섰다. 그리고 고개를 흔들었다.

"너, 너나 많이 먹어. 난 배 안 고파."

생각보다 목소리가 크게 나오는 바람에 말한 세넨무트가 오히려 당황한 표정이 되었다. 카시기야도 고개를 갸웃거리며 지효와 세넨무트를 바라보았다.

하지만 지효는 새삼스럽지도 않다는 듯 시큰둥하게 고개를 끄덕였다.

"오냐, 내가 네 몫까지 많이 먹어 주마. 너 까다로운 게 어제오늘 일도 아니니까. 카시기야, 그 녀석은 놔두고 이리 와. 이거 완전 맛있어."

작업은 느리게 진행되었다. 카시기야가 구한 절터가 첩첩산중이라 마차가 들어올 수가 없어서 목재와 기타 재료들을 일일이 산 아래에서부터 들고 올라와야 했기 때문이었다. 절터에 깊숙이 박힌 바위들을 빼내는 일도 큰일이었다. 작은 돌이야 간단히 제거할 수가 있었지만 땅 속 깊이 박힌 돌은 장정 서너 명이 달라붙어도 좀처럼 꼼짝을 하지 않았다. 산골 마을에는 소나 말도 없어서 이 모든 일을 전부 인력으로 해결해야 했다.

세넨무트는 그렇게 뽑아낸 돌을 깎고 다듬어 주춧돌로 썼다. 또한 모자란 목재는 부근의 숲에서 나무를 잘라 보충하기도 했다.

산 부근의 마을에서 모아온 인부들은 악조건 속에서도 자신들의 일처럼 열심히 땅을 고르고 나무를 베었다.

인부들은 평생 가도 얼굴 한 번 보기 힘든 왕족인 카시기야가 옆에 있어 주는 것만으로도 감격했다. 더구나 다른 일도 아닌, 부처의 진신사리가 담긴 불상을 모시기 위한 절을 짓는 일이었다. 더없는 영광임이 틀림없었다. 왕성에서 제법 떨어져 있는 시골이었지만 불교는 벌써 야마토 곳곳에 자리 잡고 있었다.

어느덧, 따갑던 햇볕이 약해지고 해가 질 때 즈음에 서늘한 바람이 불기 시작했다. 여름의 절정이 지난 것이다.

날짜만 지난 게 아니었다. 허허벌판 같던 공터에는 단단한 평석들이 깔리고 주춧돌 위로는 기둥이 세워졌다. 대들보와 서까래 역할을 할 목재들도 공터 한쪽에 가지런히 쌓여 있었고, 석탑을 세울 커다란 화강암도 이미 도착해 얌전히 석공의 손길을 기다리고 있었다.

"진짜 제법 그럴싸해 보인다. 너 천재라는 말, 이제 완전히 믿을게."

지효는 해 질 녘 노을을 배경으로 서 있는 절의 뼈대를 보며 순수하게 감탄했다. 하지만 정작 그 칭찬을 받는 세넨무트의 얼굴은 무겁기만 했다.

"이게 한계야. 더 이상은 정말이지 모르겠어."

세넨무트는 모서리가 나달나달해진 도면을 두 손으로 와락 구기며 말했다.

"왜? 이제 힘든 일은 다 끝난 거 아니었어? 이제 기둥 위에 지붕만 착착 얹으면 되잖아."

"단청이며 기와를 어떻게 쌓는지 도무지 모르겠어."

"잘난 척 빼면 시체인 네가 웬일로 앓는 소리야? 입이 쩍 벌어질 정도로 거대한 신전도 척척 짓는 너잖아. 이런 절 하나 짓는 거 가지고 웬 엄살이야?"

지효의 말에 세넨무트는 머리카락을 쥐어뜯었다.

"나도 그럴 줄 알았지. 그런데 그게 아니더라고."

지효의 말처럼 세넨무트는 처음에 동방의 건축물을 약간 우습게보았다. 야마토에서 가장 크고 화려하다는 왕궁조차 이집트 왕궁에 비하면 초라할 정도로 작았기 때문이었다. 왕궁뿐 아니라 불교의 중심이라고 할 수 있는 절 역시 헉, 소리가 나도록 으리으리한 이집트의 신전들과는 비교가 되지 않았다. 이집트에서 가장 웅장한 건축물인 피라미드는 떠올릴 필요조차 없었다. 절 한 채 짓기란 누워서 떡 먹는 수준처럼 느껴진 것은 어쩌면 당연한 일이었다.

하지만 도면 들여다보기를 반복하자 그는 그것이 얼마나 큰 판단 착오였는지 알게 되었다. 쇠못 하나 쓰지 않고 순전히 목재의 요철오목한 부분과 볼록한 부분과의 맞물림만으로 지어지는 동방의 건축물은 그 자체로 예술이요, 사상과 전통이 집대성된 학문이었다. 특히나 절은 그런 동방 건축의 정점이었다. 목수들이 평생을 연구해도 다 알 수 없는 심오함을 세넨무트가 눈대중으로 익힌다는 자체가 무리였던 것이다.

세넨무트의 시무룩한 목소리에 지효의 얼굴이 딱딱하게 굳어졌다. 그러다가 와락 그의 멱살을 움켜잡았다.

"왕재수, 그걸 지금 말이라고 해? 네 짝사랑 때문에 벌인 일이잖아? 카시기야가 무슨 물건처럼 팔려 가는 꼴은 절대 못 본다고. 뭔가 수를 내 봐!"

지효의 닦달에도 세넨무트는 정말 낙담했는지 고개를 푹 숙였다. 지효는 손을 풀었다.

"미안해. 네가 시무룩하니까 짜증이 나서……. 처음부터 너무 완벽하게 지으려고 하니까 힘든 거야. 그러지 말고 잠깐 쉬어. 인부들도 지금까지 하루도 안 쉬었으니까 며칠 쉴 때도 됐어. 우리도 바람 쐴 겸, 소식도 들을 겸 왕성에 다녀오자."

지효의 말에 세넨무트는 못 이기는 척 고개를 끄덕였다. 그리고 돌아서 산을 내려갔다.

지효는 그 자리에 서서 멀어지는 세넨무트의 뒷모습을 바라보았다. 카시기야 때문에 시무룩하게 처진 그의 어깨가 유난히 눈에 띄었다.

"바보 녀석……."

지효는 괜히 돌멩이를 걷어차며 마을과 반대쪽으로 돌아섰다. 그리고 며칠 후면 기둥으로 쓰일 통나무 위에 걸터앉았다. 향긋하면서도 독한 송진 냄새가 코를 찔렀다.

"칫! 언제는 구슬을 빨리 찾자고 난리더니 이제는 아예 관심도 없어 보이네."

지효의 목소리는 허공을 잠깐 맴돌다가 허무하게 사라졌다.

언제나 그렇듯이 산속의 밤은 금세 찾아들었다. 주홍빛으로 변한 하늘은 어느새 칠흑같이 검게 물들기 시작했다. 멍하니 앉아 있던 지효는 그제야 엉덩이를 툭툭 털고 일어섰다. 더 늦으면 한 치 앞도 분간할 수가 없을 것 같았다.

부스럭!

막 한 발짝 옮기려던 지효는 나뭇가지가 꺾이는 소리에 우뚝 멈춰 섰다. 그리고는 돌아섰다.

"누구세요? 아직 누가 있어요?"

한참을 기다려도 대답은 들려오지 않았다. 지효는 고개를 갸웃거리며 다시 마을 쪽으로 돌아섰다.

"토끼? 아니, 사슴인가……?"

하지만 몇 걸음 내딛지 않아 지효는 다시 발을 멈춰야 했다. 희미하지만 분명 인기척이 났기 때문이었다. 작지만 누군가의 목소리가 들렸다. 이번에는 지효도 정색을 하고 돌아섰다. 어둠 사이로 누군가의 옆모습이 힐끗 보였다.

콰아아아앙!

동시에 엄청난 굉음과 함께 묵직한 통나무 더미가 지효에게 덮쳐

들었다. 지효는 파도처럼 눈앞으로 밀려드는 통나무들을 바라보며 찢어질 듯한 비명을 질렀다.

"꺄아아악!"

"지효야!"

지효의 비명 소리를 들은 사람은 카시기야였다. 인부들과 함께 산길을 내려가던 카시기야는 용케도 굉음 사이에서 지효의 비명을 알아챘다.

하지만 그보다 먼저 달려간 것은 세넨무트였다. 세넨무트는 언제 지쳤나 싶을 만큼 빠른 속도로 절터를 향해 달렸다. 그 뒤를 카시기야와 횃불을 든 주민들이 뒤따랐다.

절터에 도착한 세넨무트는 말문을 열지 못했다. 아름드리 통나무들이 사방으로 흩어지며 애써 다진 바닥이 엉망이 되었기 때문이었다. 간신히 자리를 잡아 놓은 주춧돌들은 제자리를 벗어나 나뒹굴었고, 손질해 놓은 목재들은 반 토막이 났다. 산 아래서부터 낑낑거리며 들고 온 화강암은 굉음과 함께 산 아래로 굴러떨어졌다. 하지만 그 모든 것들보다 세넨무트의 눈에 가장 먼저 들어온 것은 굵직한 통나무와 통나무 사이에 깔리듯 끼어 있는 지효의 모습이었다.

"지효야! 괜찮아?"

흙먼지로 뒤덮인 지효의 얼굴에는 한 줄기 핏물이 흐르고 있었다. 세넨무트는 지효의 어깨를 세게 흔들었다. 그제야 지효의 입에서 한 줄기 신음 소리가 새어 나왔다.

"휴우……. 사람 놀라게 할래?"

그제야 세넨무트는 하얗게 질린 얼굴을 벅벅 비비며 바닥에 주저앉았다. 그런 그의 뒤로 카시기야와 마을 사람들이 우르르 몰려들었다.

"괜찮아? 나올 수 있겠어?"

카시기야의 걱정스러운 목소리에 지효는 어떻게든 몸을 움직이려 애를 써 보았다. 하지만 조그만 움직임에도 참을 수 없을 정도의 고통이 느껴졌다.

"우, 움직이지 마. 낀 것 같아. 일단 나무를 치워야겠어."

카시기야가 다급히 말했다. 그리고 세넨무트와 함께 지효를 누르고 있는 나무에 달라붙었다. 그러자 그때까지 넋이 나간 듯 멍한 얼굴로 서 있던 마을 사람들도 나무를 들어 올리기 시작했다.

"영차~! 영차~!"

처음에는 꼼짝도 하지 않던 나무가 사람들이 외치는 커다란 구령 소리에 맞추어 서서히 움직이기 시작했다.

"한 번 더!"

세넨무트가 굵은 땀을 쏟으며 외쳤다. 사람들도 이를 악물고 안간힘을 쓰며 마지막 힘을 쏟아부었다.

쿠웅!

마침내 굵직한 통나무가 옆으로 치워졌다. 그러자 한눈에도 심한 상처가 난 지효의 다리가 온전히 드러났다. 거친 나무껍질에 쓸린 무릎에서는 붉은 핏물이 흘렀다.

"으악! 저게 다 내 피라고?!"

자신의 피를 눈으로 본 지효는 하얗게 질려 바들바들 떨다가 끝내 기절하고 말았다.
"은지효, 정신 차려!"
"꺄아악! 어떻게 해!"
희미해지는 지효의 의식 너머로 경악에 찬 세넨무트와 카시기야의 목소리가 어렴풋이 들려왔다.

"끄으응……."
지효가 다시 정신을 차린 것은 다음 날 해가 머리 꼭대기까지 떠오른 정오 무렵이었다. 손가락 하나 까딱할 수도 없을 정도로 온몸이 무겁고 나른했다. 머리도 깨질 듯이 아팠지만 가장 아프고 쓰린 곳은 다리였다. 게다가 너무 무거웠다. 마치 다시 나무에 깔린 것처럼.
지효는 잘 움직여지지 않는 몸을 간신히 일으켜 세웠다. 그리고 인상을 와락 찡그렸다.
"어쩐지 다리가 제일 무겁더라니. 하여튼 얄미운 짓만 골라 해요."
다리를 덮은 이불 위로 세넨무트가 엎드려 잠들어 있었다. 지효는 당장이라도 그를 깨우려는 듯 손을 내뻗었다. 하지만 막상 그의 어깨를 잡기 직전 손이 아래로 떨어졌다. 먼지가 뿌옇게 쌓인 세넨무트의 얼굴이 눈에 들어왔던 것이다.
지효는 잠시 잠든 세넨무트의 얼굴을 들여다보았다. 까무잡잡한 피부에 짙은 눈썹, 베일 듯 날렵한 콧날. 여전히 미남이었고, 여전히 준수와 똑같았다.

지효는 자신도 모르게 그의 머리카락에 손을 대 보았다. 황갈색 그의 머리칼은 깜짝 놀랄 만큼 부드러웠다.

"맞아. 준수도 저런 얼굴이었지."

문득 말을 하고 보니 자신이 정말 오랫동안 준수의 이름을 잊고 있었다는 사실이 떠올랐다.

"일어났구나. 정말 다행이다."

바로 그때 문이 열리며 카시기야가 들어섰다.

"엉? 지금 막 일어났어."

지효는 괜히 화들짝 놀라며 이불을 확 잡아당겼다. 그 바람에 이불 위에 엎드려 있던 세넨무트가 요란한 소리를 내며 바닥으로 나뒹굴었다.

"으아악! 괘, 괜찮아?"

"어머머!"

지효와 카시기야가 동시에 손을 내밀었다. 세넨무트는 지효의 손은 매정하게, 그리고 카시기야의 손은 점잖게 거절하며 일어났다. 그리고는 커다란 혹이 달린 뒤통수를 만지며 지효를 째려보았다.

"가뜩이나 머리 복잡해 죽겠는데 사고 좀 치지 마. 너 때문에 여태까지 한 일이 다 헛수고가 되었잖아."

세넨무트는 차갑고도 낮은 목소리로 지효에게 비난의 말을 던지고는 뒤돌아 방을 떠났다.

"치사하게⋯⋯ 누가 일부러 그랬나."

지효는 아픈 다리가 더 욱신거려 왔다.

"세넨무트가 좀 예민해져서 그럴 거야. 마을 사람들이 교대해 주겠다는데도 밤새 꼬박 네 옆에 붙어 있었어. 표현은 안 하지만 틀림없이 널 많이 걱정했던 거라고."

지효는 붉게 충혈된 눈으로 카시기야를 바라보았다. 그리고는 이내 고개를 저었다. 손목에 낀 팔찌가 유난히 무겁게 느껴졌다.

"네가 잘 몰라서 그런 말을 하는 거야. 설명할 수는 없지만 내가 죽으면 안 되는 이유가 있거든."

"그런 것 같지는 않던데. 진짜 걱정하던 눈치였어."

지효는 다시 한숨을 내쉬었다.

"내가 너보다는 저 녀석을 잘 알아. 얼마나 매몰차고 싸가지 없는 녀석인데. 만에 하나 네 말대로 걱정스러운 얼굴이었다면 이유는 단 하나, 내기에서 질까 봐 그랬을걸? 자존심이 하늘을 찌르거든. 게다가……."

지효는 그렇게 말하고 입을 꾹 다물었다. 지효도, 카시기야도 세넨무트가 져서는 안 되는 이유를 하나 더 알고 있었다. 바로 카시기야와 아나호베의 결혼을 막기 위해서.

"은지효, 이 바보 멍청이!"

방을 나선 세넨무트는 화가 잔뜩 난 얼굴로 뒤죽박죽이 된 절터를 돌아보았다. 여름 내내 땀을 퍼부은 일이 허사가 되었으니 당연한 일이었다. 하지만 이상하게도 지금 그를 가장 화나게 하는 것은 조금 전 들은 지효의 말 한마디였다.

"내가 준수라는 녀석이랑 똑같이 생겼다고? 그런 건 말 안 해도 벌써부터 알고 있다고!"

　세넨무트는 분풀이라도 하듯 산산조각 난 목재들을 걷어찼다. 서슬 퍼런 그의 기세에 다른 사람들은 그의 곁에 가까이 가지도 못한 채 슬금슬금 뒷걸음질 쳤다.

　"끄으으윽!"

　바로 그때, 누군가의 답답한 신음 소리가 들렸다. 세넨무트는 소리가 난 뒤쪽을 돌아보았다. 우물 옆에 마을 주민 한 명이 쓰러져 있었다.

　"이봐, 갑자기 왜 그래? 정신 차려!"

　곁에 있던 주민이 다급히 그에게 달려왔다. 하지만 그 역시 몇 발짝 옮기지도 못한 채 바닥에 주저앉았다. 빨래를 하던 중년 여인의 몸도 한쪽으로 기울어졌다.

　"아주머니까지 왜 이러세요? 찬물이라도 드실래요?"

　근처에 있던 주민들은 어쩔 줄 모르겠다는 듯 발을 동동거리다가 우물물을 길어 올렸다.

　그때 세넨무트가 벼락같이 외쳤다.

　"모두 우물에서 떨어져!"

부처가 고이 내리다

"이게 우물에서 나왔다고?"

카시기야의 질문에 세넨무트는 무거운 얼굴로 고개를 끄덕였다. 지효와 세넨무트, 그리고 카시기야가 둘러앉은 탁자 위에는 선홍빛이 선명한 꽃 몇 송이가 놓여 있었다. 물에 젖었는데도 꽃의 붉은 기운은 흐려지기는커녕 더욱 요사스럽게만 보였다.

"그런데 이게 무슨 꽃이야? 되게 예쁘다."

"마을 사람들 말로는 독초래. 그것도 백 년에 한 번 핀다는 무지 독한 독초."

세넨무트의 말에 꽃을 만져 보려던 지효의 손이 허공에서 딱 멈춰섰다.

"그, 그럼 그 우물은 이제 어떻게 해?"

세넨무트는 무거운 한숨으로 대답을 대신했다. 카시기야도, 지효도 할 말을 잊은 듯 방 안에는 무거운 침묵이 감돌았다.

한참 만에 카시기야가 입을 열었다.

"자자, 백 년에 한 번 피는 꽃이 지금 나올지 어떻게 알았겠어? 당분간 우물은 폐쇄하고 다른 수원水源, 물이 흘러나오는 곳을 찾아야겠어. 여긴 숲 한가운데니까 분명히 샘이 있을 거야."

카시기야는 짐짓 밝은 목소리를 냈다. 그렇게라도 하지 않으면 견딜 수 없다는 듯.

다음 날부터 마을의 모든 사람들은 우물을 대체할 수원을 찾아 숲으로 들어갔다. 절 공사는 자연스럽게 중단되었다.

"큰일이네. 다른 사람들은 벌써 절반도 더 지었을 텐데."

남자들이 숲으로 떠난 뒤 마을에 남은 지효와 카시기야는 무너진 채 방치된 목재들을 바라보며 한숨을 푹 쉬었다.

"하지만 다른 것도 아니고 마실 물이 없어졌으니 어쩔 수가 없지."

카시기야의 말에 지효는 고개를 끄덕이면서도 어쩔 수 없다는 듯 다시 한마디 덧붙였다.

"설마 무슨 사고가 또 터지는 건 아니겠지?"

지효의 장난 섞인 말에 카시기야는 겁난다는 듯 어깨를 부르르 떨었다.

"야야, 그런 말은 농담으로라도 하지 마. 듣기만 해도 무섭다."

불행히도 지효의 예감 아닌 예감은 현실이 되었다. 물을 찾기 위해 숲으로 들어갔던 남자들이 그날 밤부터 고열과 구토 증상을 보인 것이다. 처음에는 열만 올랐는데 곧이어 온몸이 타는 듯한 고열과 함께 불긋한 반점들이 생겼다.

마을 최고의 고령자인 촌장의 할머니는 그들의 증상을 보자마자 하얗게 질린 얼굴로 외쳤다.

"맙소사……! 돌림병이야. 역병이라고!"

돌림병이라는 말에 마을은 벌집을 쑤신 듯 요란해졌다. 사람들은 공포에 질린 듯 온몸을 부들부들 떨었다.

"돌림병이라니……."

"이제 어떻게 하지?"

"어떻게 하긴? 여길 떠나야 한다고."

어떤 사람은 절터를 노려보며 악의적으로 소리쳤다.

"이게 다 저것 때문이야. 저주받은 거라고!"

"저주고 뭐고 이대로 있으면 우리는 다 죽을 거야. 더 늦기 전에 당장 마을을 버려야 해!"

병원도, 의사도 없는 시대에 전염병은 전쟁보다 더한 공포였다. 최악의 경우 마을 전체가 불태워지기도 했다. 당연히 그 안에 살고 있는 사람들 역시 죽임을 당해야 했다. 마을 사람들은 허둥지둥 옷이며 쌀, 소금 등 당장 필요한 것만 챙겨서 도망치듯 떠났다.

순식간에 텅 비어버린 마을은 애초부터 유령들이 살던 곳인 것처럼 황량하고 을씨년스러웠다. 간혹 불어오는 산바람에 미처 닫히지 않은 문들이 끼이익, 요란한 비명을 질렀다.

지효와 세넨무트, 카시기야는 거짓말처럼 텅 비어버린 마을 한가운데 섰다. 셋 모두 갑작스럽게 밀려든 엄청난 불운이 믿어지지 않는다는 듯 멍한 얼굴이었다.

"이제 다 틀렸어. 내기는 애초부터 말이 안 되는 거였어."

어둠이 내려앉기 시작하자 카시기야가 중얼거렸다. 말은 하지 않았지만 지효와 세넨무트도 같은 말을 하고 싶은 얼굴이었다. 절망은 희망보다 몇 곱은 더 컸다. 울음이 터질 것만 같아 지효는 붉어지는 눈가를 손등으로 거칠게 비볐다.

"다리가 너무 아파……."

다음 날 아침이 밝자마자 지효와 세넨무트, 카시기야는 왕성으로 돌아가기 위해 짐을 꾸렸다. 짐이라 봐야 가지고 온 옷가지가 전부여서 작은 보따리 하나밖에 되지 않았다.

마을을 나선 세 사람의 발걸음은 자연스럽게 절을 짓던 곳으로 향했다. 여름 내내 땀을 쏟아부었던 그곳은 어제와 마찬가지로 엉망이었다.

세넨무트와 카시기야가 다른 곳을 돌아보는 동안 지효는 자신이 다쳤던 장소를 맴돌았다. 다친 다리보다 가슴 깊숙한 곳이 더욱 욱신거렸다.

"어? 이게 뭐지?"

한동안 멍하니 바닥을 내려다보던 지효가 문득 고개를 갸웃거렸

다. 지그재그로 엇갈린 통나무 사이에 검은색 천 조각이 끼어 있던 것이다. 지효는 들고 있던 짐을 내려놓고 천 조각을 빼냈다.

"그게 뭐야?"

한발 늦게 다가온 세넨무트와 카시기야가 물었다.

"모르겠어."

지효는 손바닥에 놓인 천을 들여다보며 고개를 저었다. 나무 사이에서 빼낸 그것은 흔한 천이 아니었다. 끄트머리에 붉은색 실로 작은 꽃의 자수가 수놓아진 비단이었던 것이다. 이런 곳에서 비단 입은 사람을 만나기란 하늘의 별 따기보다 어려운 일이었다. 지효가 문득 낮게 외쳤다.

"그날 누군가 있었어."

"누가 있었다니?"

"그런 중요한 얘기를 왜 지금 하는 거야?"

"미안. 하지만 이걸 보기 전까지 까맣게 잊고 있었어. 우물이다 돌림병이다 하는 사고가 많이 터져서."

지효의 말에 세넨무트와 카시기야의 얼굴이 굳어졌다.

"그럼 우물에서 독초가 나온 일도 우연이 아닐 수 있겠군."

"너무나도 절묘한 시기에 돌림병이 돈 것도 말이지. 생각할수록 누군가의 장난에 놀아난 것 같아. 문제는 그 배후가 누군지 모른다는 거지."

카시기야는 지효에게서 천을 넘겨받아 뚫어지게 살펴보았다.

"이건 무척 좋은 수실이야. 분명히 가문의 문양일 거야."

하지만 꽃 부분만 남은 자수는 아무리 살펴보아도 전체의 모양을 알아낼 수가 없었다. 카시기야는 포기한 듯 고개를 휘휘 저으며 천 조각을 품 깊숙이 찔러 넣었다.

"여기서는 알 수 없으니 왕성으로 가자."

지효와 세넨무트는 고개를 크게 끄덕였다.

"응. 가자."

"누군지 알아내기만 하면 가만 안 둘 거야."

비다쓰가 자리를 비웠음에도 왕성은 달라진 게 거의 없었다. 귀족들은 여전히 절을 짓는 데 열을 올리고 있었고, 평민들은 생업에 매달렸다.

"소식은 들었다. 저주니 뭐니 한바탕 난리가 났었다며?"

왕궁에 들어서기가 무섭게 세 사람의 앞을 아나호베가 가로막았다. 그의 등 뒤에는 아나호베와 닮은, 아직 소년의 얼굴을 가진 야카베 왕자와 날카로운 눈빛을 가진 모리야가 서 있었다.

"나 참, 발 없는 말이 천 리를 간다더니 그 말이 딱 맞네."

"그 말을 듣자마자 쪼르르 달려온 걸 보면 되게 할 일 없나 봐."

지효가 혼잣말처럼 중얼거렸다. 이럴 때만 죽이 척척 맞는 세넨무트도 한마디 거들었다.

두 사람의 목소리는 작았지만 가까이 서 있던 사람들은 충분히 알아들을 수 있었다. 감정을 숨기기에는 너무 어린 야카베의 얼굴이 단번에 붉게 상기되었고, 모리야 역시 조금 전보다 더욱 차가운 눈빛을 내뿜었다.

"그러는 오빠는 잘 되어 가고 있어요?"

분위기가 서늘해지자 가운데 낀 카시기야가 서둘러 말했다.

"당연하지. 이번 내기는 해보나 마나 나의 승리야. 가만있자……. 어이, 모리야, 우리가 공사에 투입한 기술자가 모두 몇 명이지?"

모리야가 즉시 대답했다.

"백스물셋입니다. 백제에서 큰 절을 지어본 적이 있는 건축가가 오십여 명, 그 나머지도 야마토에서 이름깨나 날리는 장인들이지요."

모리야는 대답 끝에 세넨무트를 바라보며 한마디 덧붙였다.

"애초부터 얼뜨기 꼬마가 끼어들 일이 아니었지요."

세넨무트의 주먹에 불끈 힘이 들어가는 것을 본 지효는 재빨리 그의 팔을 잡았다. 그리고 아나호베에게 말했다.

"오랜만에 동생을 만나서 반가운 건 알겠는데 우리가 먼 길을 와서 좀 피곤하거든? 나머지 얘기는 내일 하시면 안 될까?"

지효의 말은 거짓말이 아니었다. 세 사람의 옷은 먼지로 뒤덮여 있었고 신발에는 진흙이 가득했다. 그제야 아나호베는 황급히 옆으로 한 발짝 비켜섰다.

"이런, 내 정신 좀 보게. 푹 쉬어."

"아으, 좋다. 이게 얼마 만에 하는 목욕이냐."

뜨거운 물에 몸을 담그자 지효는 자신도 모르게 헤벌쭉 미소를 지었다.

"하아, 좋아라."

바로 옆에 앉은 카시기야도 고양이처럼 나른한 얼굴로 고개를 끄덕였다. 둘이 있는 곳은 별궁의 뒤쪽 정원에 붙어 있는 온천이었다. 기껏해야 목욕통 정도를 예상했던 지효는 그제야 일본이 온천의 나라라는 것을 기억해 냈다.

기분 좋을 정도로 적당히 뜨거운 온천물은 여름내 쌓여 있던 둘의 피로를 말끔히 씻어 주었다. 하지만 축 처진 기분까지 좋게 만들어 주지는 못했다.

"아나호베, 그렇게 안 봤는데 실망이야. 우리가 망했다는 걸 듣고 강아지처럼 쪼르르 쫓아올 건 또 뭐야? 생긴 건 짐승돌인데 하는 짓은 완전 유치 짬뽕이야. 치사하다, 치사해!"

지효의 말에 카시기야도 덩달아 한숨을 내쉬었다.

"아나호베 오빠가 예전부터 좀 그런 면이 있긴 했지. 특히 날 괴롭힐 땐 정말 열심이었어. 그것 때문에 선왕께 혼도 많이 났는데 다시 만난 지금도 전혀 달라진 게 없어."

카시기야는 옛일이 떠오른 듯 희미하게 웃음을 지었다. 지효는 카시기야의 그런 반응에 고개를 갸웃거렸다. 그게 싫다는 건지, 좋은 추억이라는 건지 통 감을 잡을 수가 없었기 때문이었다.

"오빠에 비하면 모리야는 정말 많이 변했어."

"모리야?"

"응. 아까 봤잖아. 가슴에 붉은 꽃 세 송이가 새겨진 옷을 입은……."

카시기야가 말하다 말고 벌떡 일어났다. 지효도 눈을 동그랗게 뜨고 비명처럼 외쳤다.

"바로 그 꽃이야!"

"그 녀석이었어!"

동시에, 얼굴이 하얗게 질린 두 사람 옆으로 세넨무트가 뿌옇게 김이 서린 온천에 뛰어들었다.

"무슨 일이야?"

"너…… 너어……!"

"꺄아아아아악~~!"

"아윽, 아프다니까."

"그러게 누가 변태처럼 엿보래?"

"엿보긴 누가 엿봐? 온천이 연결돼 있는지 나도 몰랐다니까. 그리고 수증기 때문에 잘 보이지도 않은 데다가 너희 모두 옷도 다 입고 있었잖아."

세넨무트는 퍼렇게 멍든 눈두덩을 문지르며 억울하다는 듯 악을 썼다. 지효는 흥, 콧방귀를 뀌면서도 달걀 하나를 던져 주었다.

"칫, 뭘 잘했다고. 이거나 받아."

"달걀은 왜?"

"멍든 눈 문지르라고. 넌 그런 것도 모르냐?"

"그래야 멍이 빨리 빠지거든."

카시기야까지 말을 거들자 세넨무트는 떨떠름한 얼굴로 달걀을 받았다. 그리고 멍든 눈가를 문지르며 물었다.

"그런데 비명은 왜 지른 거야?"

카시기야가 찢어진 천 조각을 꺼내며 말했다.

"모리야였어. 그가 바로 우리 일을 망친 거였다고. 모노노베 가문은 오래전부터 왕실의 궂은일을 도맡아 하던 닌자 가문이야. 검술은 물론이고 독에 관한 건 웬만한 의원들보다 더 잘 알아."

그제야 세넨무트도 모리야의 옷에 새겨진 문양을 기억해 냈다.

"이 비겁하고 치사한 녀석……!"

"닌자? 머리에서 발끝까지 새까만 옷을 입고 지붕 위를 날아다닌다는 그 닌자? 어쩐지 음침하게 생겼다 했어."

지효는 머리가 천장에 닿을 정도로 놀라 펄쩍 뛰었다. 그리고는 말끝을 흐리며 슬쩍 카시기야를 바라보았다.

"듣자 하니 아나호베 왕자가 짓는 절이 이길 수 있는 가능성이 제일 많다던데."

카시기야가 주먹을 불끈 쥐었다.

"만약에 아나호베 오빠가 이긴다고 해도 그런 비겁한 방법을 썼다면 절대 결혼 안 할 거야. 게다가 진신사리가 담긴 불상을 얻어서 민심을 얻고 나와 결혼한다는 그럴듯한 명분까지 손에 넣으면, 아나호베 오빠는 분명히 비다쓰 전하가 없는 틈을 노려 왕권에 도전할 거야."

"하지만 내기는 이미 성립되었잖아. 게다가 내가 볼 때는 비다쓰 전하보다 아나호베 왕자가 더 야마토의 왕처럼 보일 때도 있어. 아무리 내가 백제의 후손이라고는 해도 좀 이해가 안 될 때가 많거든."

지효의 솔직한 말에 세넨무트는 화난 눈으로 지효를 노려보았고,

카시기야는 한숨을 푹 내쉬었다.

"네 말이 무슨 뜻인지 알아. 나도 비다쓰 오빠가 무조건 백제를 숭배하는 게 싫어. 아나호베 오빠처럼 야마토 전통을 지키고 싶기도 하고. 하지만 절대 전쟁만은 안 돼. 더구나 그 계기가 나로 시작되는 건 더 싫어."

옷자락을 힘껏 움켜잡은 카시기야의 손등이 유난히 창백하게 보였다. 지효가 불안한 얼굴로 물었다.

"그럼 어쩌자고? 이제 와서 절을 다시 짓기라도 하자고?"

문득 카시기야가 고개를 들었다.

"못 할 것도 없지."

"엥? 그건 또 무슨 소리야? 우린 이제 돈도 없다고."

지효의 말에 세넨무트가 한마디 거들었다.

"돈이 있어도 아마 아무도 땅을 내주지 않을걸? 저주니 뭐니 하는 소문이 도성 안에 쫙 퍼졌을 테니까."

그 한마디에 카시기야의 어깨가 축 늘어졌다.

다음 날 해가 뜨자마자 카시기야는 왕궁을 나섰다. 혹시나 하는 마음에서였다. 하지만 전날 세넨무트가 말한 대로 그녀에게 땅을 내주는 사람은 아무도 없었다. 절이 들어갈 만한 널찍한 땅을 가진 사람들은 카시기야가 절의 'ㅈ'자만 꺼내도 하얗게 질린 얼굴로 손사래를 쳤다.

"아이고, 공주님. 그런 말씀 마십시오."

"절이라니요? 제 땅에는 절대 절을 짓지 않을 겁니다."

"공주님에게 땅을 내주면 돌림병이 돈다는 소문이 파다합니다. 그러지 말고 공주님이 저희 좀 살려주십시오."

카시기야가 아무리 저주가 아니라고 말해도 소용이 없었다. 사람들은 그녀의 말을 들으려 하지도 않았다.

"아윽! 진짜 답답해 미치겠다. 무슨 좋은 방법이 없을까?"

하루 종일 발품을 팔았음에도 아무 소득이 없자 카시기야는 머리를 쥐어뜯었다. 길을 지나던 사람들은 치렁치렁한 비단옷을 입고 기이한 행동을 하는 카시기야를 슬금슬금 피해 갔다.

"정 절을 다시 짓고 싶다면 남은 방법은 하나뿐이야. 네 신분을 이용하는 것."

지효가 슬쩍 입을 뗐다. 세넨무트도 비슷한 생각을 했는지 가만히 카시기야를 바라보았다. 카시기야는 고개를 저었다.

"아무리 내가 왕족이라도 강제로 저들의 땅을 빼앗을 수는 없어. 그러면 정말 민심을 잃게 될 거야. 게다가 지금부터 다시 땅을 파고 기둥을 세울 시간도 모자란다고."

절망감이 셋의 어깨를 짓눌렀다. 한참 동안 시무룩한 얼굴로 바닥만 내려다보던 카시기야가 문득 외마디 비명을 질렀다.

"아! 내가 왜 진즉에 그 생각을 못했지?"

카시기야는 궁금해하는 둘에게 한마디 설명도 없이 왕궁 근처의 한 저택으로 달려갔다. 비다쓰의 최측근이자 카시기야의 외가인 소가 가문이 있는 곳이었다.

소가 가문의 주인인 우마코는 갑작스러운 카시기야의 방문에 반가운 미소를 지었다. 그녀의 외삼촌이기도 한 그는 까만 수염을 기른 중년 남자였다. 깊이를 알 수 없는 눈동자에서는 소가 가문에서만 볼 수 있는 차분한 진중함이 묻어났다.

"공주님, 이런 늦은 시간에 어쩐 일이십니까?"

그의 말대로 막 해가 지려 하고 있었다. 우마코의 질문에 카시기야는 엉뚱한 말로 되받았다.

"삼촌, 본가本家, 본래 살던 집는 아직도 비어 있어요?"

"갑자기 본가 소식은 왜 물으십니까?"

"글쎄 누가 있냐고요."

"기타시 왕비님께서 돌아가신 후로는 죽 비어 있는 걸로 압니다만……."

기타시는 선왕 긴메이의 아내이자 카시기야의 어머니였다. 그리고 그녀의 재산은 카시기야가 곧바로 상속 받기로 약속되어 있었다.

"야호! 이제 살았어!"

카시기야는 뛸 듯이 기뻐했지만 우마코는 여전히 영문을 모르겠다는 듯 고개를 갸웃거렸다.

영문 모르기는 지효와 세넨무트도 마찬가지였다. 어리둥절한 얼굴의 사람들에게 카시기야가 들뜬 목소리로 말했다.

"본가를 절로 개조하자. 그 집 진짜 끝내주게 넓거든. 그렇게 하면 사람들에게서 억지로 땅을 빼앗지 않아도 되잖아. 게다가 이미 기둥과 벽이 다 완성되어 있으니까 시간도 절약할 수 있을 거고. 어때?"

지효는 반색을 했다. 세넨무트도 곰곰이 생각한 뒤 고개를 끄덕였다.

"오! 좋은 생각이다. 당장 가 보자."

"별다른 대안도 없잖아."

우마코도 소문을 통해 카시기야가 처한 곤경을 알고 있었다. 거기에 카시기야에게 모리야가 한 일을 전해 듣자 두말 않고 본가의 열쇠를 건네주었다. 모리야의 모노노베 가문과 우마코의 소가 가문은 몇 대에 걸친 라이벌이자 숙적이었던 것이다.

"그런 얄팍한 녀석의 잔꾀에 지지 마세요. 자금이나 자재는 제가 지원해 드릴 테니 마음껏 실력을 발휘해 보세요."

우마코의 말에 셋은 두 손을 번쩍 들고 환호성을 질렀다.

소가의 본가에 도착하자마자 지효와 세넨무트는 카시기야에게 잔소리를 늘어놓았다.

"이렇게 좋은 데가 있으면 빨랑빨랑 기억을 해야지!"

"완전 보물섬이잖아. 이런 걸 어떻게 잊고 있을 수가 있어?"

두 사람이 불만을 털어놓을 정도로 본가의 저택은 아름다웠다. 왕성 부근임에도 고즈넉한 소나무 숲에 둘러싸여 있어서 도심의 번잡함을 잊게 해 주었다. 야마토 제일 가문의 본가답게 크기 또한 지금까지 보아 왔던 어떤 곳보다 넓었다. 오래도록 비워 두고 있던 탓에 정원의 나무들이 제멋대로 자라 있었지만 그것 또한 지금까지 보아 왔던 전형적인 일본의 정원과는 다른, 자연스러운 매력이 풍겨 났다. 섬세함이 살아 있는 단청은 오랜 세월 비바람을 이기느라 둔탁하게 깎여 나간 석등과 대비를 이루었고, 정원을 가로지르며 깔린 돌바닥 사이로는 여름내 웃자란 풀들이 작고 앙증맞은 꽃을 피워 냈다. 그 모든 것을 하나하나 살펴본 세넨무트와 지효, 카시기야의 얼굴에 비로소 만족한 듯한 미소가 떠올랐다.

필요한 모든 것을 지원하겠다는 우마코의 말은 그저 빈 말이 아니었다. 다음 날 아침부터 본가의 저택으로 들어가는 길이 정비되고 마당에는 굵직한 목재들이 쌓였다. 그것도 보통 목재가 아닌 야마토에서는 만금을 주고도 구경하기 힘들다는 붉은 주목朱木, 건축재로 많이 쓰이는 상록 침엽수이었다. 기와나 석재 같은 재료는 말할 것도 없고 구하기 힘들다는 목수와 기와장이, 이름난 금속공예가들이 줄줄이 도착했다. 이 모두가 소가라는 이름이었기에 가능한 일이었다.

세넨무트는 우마코의 능력에 놀라는 한편, 모여든 기술자들과 머리를 모아 도면을 그리고 저택도 고쳐 나갔다.

소가 가문의 일을 모리야가 모를 리가 없었다. 모리야는 정보를 끌어모으자마자 아나호베에게 전했다.

아나호베는 뜻밖이라는 듯 눈을 크게 떴다.

"우마코가 카시기야를 도와? 우마코 녀석은 비다쓰 형의 전쟁 뒤처리로 눈코 뜰 새 없이 바쁘잖아. 게다가 카시기야에게 땅을 내주는 사람은 없을 텐데."

"듣자 하니 소가 가문의 본가를 절로 고치는 것 같습니다. 그래서 시간이나 목재가 많이 필요치 않은 모양입니다."

아나호베는 잠깐 고개를 갸웃거리다가 한쪽에 앉은 노인에게 물었다.

"어이, 영감. 내가 그쪽으로는 잘 몰라서 물어보는 건데, 집을 절로 뜯어고치는 게 쉽나?"

아나호베의 질문을 받은 노인은 절을 짓는 건축가였다. 노인은 한참이나 생각에 잠겼다가 말했다.

"쉽지 않습니다. 절과 집은 비슷해 보여도 기본적으로 다른 건축물입니다. 불상을 놓으려면 천장도 높여야 하고 구조도 바꿔야 하지요. 더구나 소가 가문의 본가는 야마토식 건축물입니다. 담징 대사를 만족시키려면 백제식으로 바꾸어야 할 텐데 그건 도저히 불가능한 일입니다."

아나호베는 그의 긴 설명에도 다짐을 받듯이 한 번 더 물었다.

"확실한 거야?"

노인이 단호히 고개를 저었다.

"저라면 다 부순 뒤 처음부터 다시 짓겠습니다. 카시기야 공주님도 지금쯤이면 그 모든 게 시간 낭비라는 걸 깨달으셨을 겁니다."

노인의 말에 그제야 아나호베는 너털웃음을 터뜨렸다.

"으하하하! 그럼 실망하고 있을 누이동생 얼굴이나 한번 보러 가 볼까?"

"오빠가 여긴 어쩐 일이에요?"

불쑥 찾아온 아나호베를 카시기야는 날선 목소리로 맞았다. 아나호베의 뒤에는 언제나처럼 모리야가 서늘한 눈빛을 뿜어내며 서 있었다.

뒤늦게 달려온 지효와 세넨무트는 카시기야의 뒤에 서는 대신, 양 옆에 나란히 섰다. 그리고는 가슴 앞으로 팔짱을 낀 채 아나호베와 모리야를 쏘아보았다.

아나호베는 지효와 세넨무트의 시선 따위는 아랑곳하지 않는다는 듯 주변을 살폈다. 두어 명의 목수들은 지붕에 거미처럼 매달려 갈라지고 깨진 단청을 덧대고 있었고, 기와장이들은 구멍 난 지붕에 새 기와를 얹고 있었다. 새 기와와 낡은 기와는 한눈에 봐도 색이 달랐다. 석탑을 만드는 사람, 부러진 문살을 엮는 사람, 창호지에 그림을 그리는 화공까지 공사는 저택 곳곳에서 중구난방으로 이루어지고 있었다. 그들은 일하면서도 쉴 새 없이 세넨무트의 이름을 불러 댔다.

"세넨무트! 여기 창문은 떼라고 했던가? 아님 놔두라고 했던가?"

"어이, 젊은이. 조금 전에 기와 끝을 올리라고 했던가?"

"젊은 양반, 이리 좀 와 봐."

세넨무트는 등 뒤의 일꾼들과 정면의 모리야를 몇 번 번갈아보다가 이내 고개를 흔들며 뛰어갔다. 아나호베와 모리야의 얼굴에 순간 조롱 같은 웃음기가 떠올랐다. 한눈에 보아도 일이 제대로 돌아가는 것 같지는 않았기 때문이었다.

반대로 카시기야와 지효의 얼굴은 잘 익은 사과처럼 붉어졌다. 카시기야가 대뜸 소리쳤다.

"오빠는 반기는 사람도 없는데 여기까지 왜 온 거예요?"

지효도 모리야를 쏘아보며 말했다.

"그쪽도 꽃이나 따시지 이런 곳엔 왜 오셨을까?"

아나호베는 둘의 비난에도 특유의 환한 웃음을 지었다.

"네가 고생한다는 말을 듣고 위로나 해 주러 왔지. 와 보니까 정말 위로가 필요하긴 하구나. 여긴 내가 본 것 중 가장 엉망진창이야. 기한까지 도저히 못 끝내겠는데?"

지효가 새치름하게 쏘아붙였다.

"남 걱정하지 말고 그쪽 일이나 신경 쓰시죠."

"고맙지만 그런 건 신경 안 써줘도 돼. 우린 다 끝났거든. 으하하하하!"

아나호베는 호탕한 웃음을 터뜨리며 돌아섰다. 모리야도 싸늘한 비웃음을 보이며 그의 뒤를 따랐다.

멀어지는 아나호베와 모리야의 뒷모습을 보며 지효는 약이 올라 발을 동동 굴렀다.

"으이구, 결국 자기 자랑하러 온 거잖아? 무슨 왕자가 저래?"

"아악! 약 올라! 아나호베 오빠한테만은 절대로 지지 않겠어."

신경질적으로 소리를 빽 지른 두 소녀의 눈이 저절로 세넨무트 쪽으로 돌아갔다.

"천재 건축가! 무슨 수를 내 봐!"

"걱정 마."

수십 장의 도면을 움켜쥐는 세넨무트의 눈에서는 푸른 불꽃이 피어올랐다.

"나를 무시하고 조롱한 대가를 톡톡히 치르게 해 줄 테니까."

시간은 빠르게 흘러 어느새 추분의 해가 떠올랐다. 낮의 길이와 밤의 길이가 꼭 같아지는 춘분과 추분은 예로부터 무척 상서로운 날이었다. 특히 여름이 끝나고 가을의 시작을 알리는 추분은 농사를 기반으로 하는 전통 사회에서 무척 중요한 날이었다. 한 해 농사의 결과를 수확하는 추수의 시기였기 때문이었다.

이번 추분은 거기에 또 하나의 중요한 행사가 더해졌다. 바로 담징이 진신사리가 담긴 불상을 둘 절을 정하는 날이었던 것이다. 야마토의 모든 눈과 귀가 담징의 발길과 입에 쏠렸다.

담징은 특이하게도 왕궁에서 먼 곳의 절부터 찾았다. 그 뒤를 불가의 고승을 보고자 하는 승려들이 따랐다. 승려들은 담징이 절을 순회하면서부터 점점 늘어나, 나중에는 그 수가 수백에 달했다.

그 뒤를 따르는 것은 농민들이었다. 일 년 내내 가꾼 곡식을 수확한 그들에게 이번 일은 일종의 축제였던 것이다. 도성 인근에 사는 사람들이 모두 모여들었다고 해도 과언이 아니었다.

수많은 절들 중 사람들의 눈길을 사로잡은 것은 단연코 아나호베가 지은 절이었다. 규모 면에서나 완성도 면에서 다른 귀족들이 지은 고만고만한 절들과는 비교 자체가 되지 않았다. 불당 안은 더욱 할 말을 잃게 만들었다. 불상이 모셔질 연대蓮臺, 불상이 세워질 연꽃 모양의 자리는 누런 황금이 입혀져 있었고, 벽에는 화려한 탱화幀畫, 부처와 보살 등을 그려서 벽에 거는 그림가 펼쳐져 있었으며, 너른 앞마당에는 야마토에서 한 번도 보지 못한 탑까지 좌우에 버티고 서 있었다.

"아름다운 탑이로군요."

하루 종일 한 마디도 하지 않았던 담징조차 흐뭇한 미소를 지을 정도였다. 후보로 나섰던 귀족들은 일제히 썩은 대추라도 씹은 듯 오만상을 찌푸렸다.

"에잉, 괜히 돈만 버렸어."

"담징 대사가 저렇게 말을 했으니 승자는 정해졌군."

"으악! 그동안 쏟아부은 내 돈…… 내 돈!"

아나호베는 득의만만한 얼굴로 담징에게 말했다.

"대사님, 이만 결정하셔도 될 것 같은데요?"

담징은 고개를 저었다.

"아직 카시기야 공주님의 절이 남았습니다."

아나호베의 입가에 숨길 수 없는 승자의 미소가 떠올랐다.

"거긴 가보나 마나입니다. 지금까지 보셨던 것 중 가장 엉망진창일 테니까요."

하지만 담징은 정중히 인사를 한 뒤 발길을 돌렸다. 아나호베는 어깨를 한 번 으쓱한 뒤 히죽 웃었다.

"어디 나도 가서 구경이나 해 볼까?"

"이럴 수가……!"

소가 가문의 본가에 도착하자마자 아나호베는 입을 쩍 벌렸다. 그뿐만 아니라 주변의 모든 사람들도 다 마찬가지였다. 며칠 전만 해도 난장판이었던 그곳은 단 며칠 만에 전혀 다른 공간으로 바뀌어 있었다.

건물의 기본 형태는 야마토 전통 가옥이되 단청이나 문살에 새겨

진 연꽃 문양은 백제인의 손길이 느껴졌다. 겹겹이 지붕을 떠받치고 있는 단청은 단아하면서도 섬세한 백제식이었고, 기와는 투박한 야마토 전통을 그대로 살렸다.

정원에서도 백제와 야마토는 공존하고 있었다. 세월을 그대로 이겨 낸 석등과 야마토에서만 자생하는 야생초들이 우거진 앞마당은 자연미가 넘쳤으며, 백제 사람들이 오래전 옮겨 심은 소나무는 하늘을 찌를 듯한 아름드리나무로 자라 있었다. 비록 아나호베가 지은 절처럼 황금으로 장식하진 않았지만 이곳은 사람들의 마음속에 한 줄기 청량한 바람을 불어넣어 주는 공간이었다.

그 마당 한가운데 카시기야와 지효, 세넨무트가 서 있었다. 카시기야는 야마토 전통 복장을, 지효와 세넨무트는 백제의 옷을 입고 있었다.

담징은 다른 곳과는 달리 오랜 시간을 들여 절 곳곳을 돌아본 후, 카시기야 앞에 멈춰 섰다.

"정말 훌륭한 곳입니다. 고구려나 백제, 신라에서는 볼 수 없는 아름다운 절입니다."

"잘 봐 주셨다니 고맙습니다."

카시기야는 담징의 말에 손바닥을 마주 댄 채 고개를 숙였다. 담징은 다시 한 번 절을 돌아보며 흐뭇한 미소를 지었다. 그리고 큰 소리로 절 주변을 가득 메운 사람들에게 말했다.

"제가 이곳에 온 이유는 야마토에 불교를 전파하기 위해서입니다. 절은 부처를 모시는 곳인 동시에 누구나 찾을 수 있는 편안한 곳입니다. 그리고 마침내 그런 절을 찾을 수 있었습니다."

이제 아나호베는 거의 경악한 얼굴로 담징과 카시기야를 번갈아 바라보았다.

담징은 답답할 정도로 느린 손길로 등 뒤에 멘 바랑을 풀어냈다. 그리고 그 안에서 아름다운 불상 하나를 꺼내 들었다. 그것을 조심스럽게 연꽃이 활짝 핀 연대 위에 내려놓았다.

"틀림없이 부처께서도 이곳이 무척 마음에 드실 거라 믿습니다."

담징의 결정만을 숨죽인 채 기다리고 있던 사람들이 일제히 환호성을 질렀다.

"우와아아아! 불상이 모셔졌다!"

"야마토에도 드디어 절이 생겼다!"

사람들의 환호성을 들으며 지효와 카시기야, 세넨무트는 서로를 얼싸안았다.

"우리가 해냈어! 해냈다고!"

비다쓰 왕을 구해야 해!

콰앙!

"도대체 이게 어떻게 된 거야? 절대로 불가능하다고 했었잖아?"

손안에 다 쥐었던 승리를 눈앞에서 빼앗긴 아나호베의 분노는 대단했다. 그의 온몸에서는 한여름 서릿발 같은 한기가 뿜어져 나왔다. 오랜 세월 그를 따라다니던 모리야조차 감당하기 힘들 정도였다. 한쪽에 웅크리고 있던 백발이 성성한 건축가는 숨소리조차 죽인 채 간신히 대답했다.

"담징 대사가 설마 야마토적인 사찰을 원할 줄은 꿈에도 몰랐습니다."

"이 멍청한 놈! 당장 나가!"

건축가는 황급히 무릎걸음으로 방을 나갔다. 방 안에 모리야만이 남자, 아나호베는 낮게 가라앉은 목소리로 말했다.

"그 절은 내가 봐도 감탄이 나올 정도로 멋졌어. 우마코가 아무리 많은 인력과 돈을 쏟아부었어도 그건 불가능에 가까운 일이었지. 카시기야가 대체 무슨 요술을 부린 거지?"

모리야에게는 항상 답이 준비되어 있었고, 지금도 아나호베가 필요한 답을 가지고 있었다.

"그곳에서 일한 인부들을 만나봤습니다. 왕자님 말씀대로 특출난 건축가가 한 명 있었다고 하더군요. 아주 독창적이면서도 천재적인."

"건축가? 소가 가문에 속한 건축가들 빼고 야마토에서 이름깨나 날린 건축가는 죄다 우리가 끌어모았잖아. 대체 우리가 몰랐던 그 천재 건축가가 누구야?"

모리야는 가뜩이나 가느다란 눈을 더욱 가늘게 떴다.

"카시기야 공주님의 새로운 친구들을 기억하시는지요."

"지효랑 그 뺀질이 세넨무트? 걔네들이 왜?"

"세넨무트라는 소년이 바로 그 건축가랍니다."

아나호베는 믿을 수 없다는 듯 눈을 크게 떴다.

"걔 나이가 몇인데? 기껏해야 카시기야보다 몇 살 더 먹은 것처럼 보이던데."

모리야가 고개를 저었다.

"천재도 보통 천재가 아니랍니다. 어떤 건물이든 겉모습만 보고도 그 구조를 정확히 그려내고, 어떤 장인보다 더 섬세한 도면을 그린답니다. 평생 동안 집을 짓던 목수들조차 귀신같은 솜씨라며 혀를 내둘렀다지요. 실제로 저택의 개조를 총지휘한 것이 바로 그 소년이었답니다."

"결국 세넨무트가 문제였단 말이지? 비다쓰가 카시기야의 신랑감 어쩌고 할 때부터 마음에 안 들었어."

모리야의 말에 아나호베는 이를 갈았다. 담징의 불상을 놓친 것보다 카시기야가 보는 앞에서 세넨무트에게 진 것이 더욱 짜증이 났다.

"그 녀석 대체 정체가 뭐야?"

모리야가 즉시 대답했다.

"알아보겠습니다."

"샅샅이 조사해 봐. 집은 어디며 부모는 누군지, 건축은 어디서 배웠는지, 카시기야와 대체 어떻게 알게 됐는지 하나도 빼지 말고."

모리야는 대답 대신 바닥에 이마가 닿을 정도로 깊숙이 절을 했다.

담징은 카시기야가 지은 절이 마음에 쏙 들었는지 아스카사飛鳥寺라는 이름을 지어 주었다. 이름뿐만 아니라 직접 커다란 붓을 들고 현판까지 써 주었다.

그것만으로도 고마운데 담징은 그날 오후부터 아예 거처를 왕궁에서 아스카사로 옮겨버렸다. 진신사리가 담긴 불상에 명망 높은 고승인 담징이 눌러앉은 아스카사는 한순간에 야마토 불교의 중심이 되었다. 아스카사 안팎은 전국에서 담징의 강론을 듣기 위해 모여든 승려들로 발 디딜 틈조차 없었다.

추수를 끝낸 일반 농민들 역시 아스카사로 몰렸다. 진신사리의 기운을 조금이라도 가까이서 받아 보려는 이유였다.

아스카사와 더불어 카시기야의 이름도 함께 높아졌다. 저주를 받았다는 말은 온 데 간 데 사라지고 부처의 수호를 받는다는 말이 도성 안에 떠돌았다. 아나호베에게로 기울었던 민심이 이번에는 카시기야에게로 쏠린 것이다.

"큭큭큭……! 카시기야, 너 혹시 그 소문 들었어? 사람들이 네가 부처의 수호를 받는 미륵의 현신이래."

오랜만에 시장 나들이를 갔다 온 지효는 별궁에 도착하자마자 키득거리며 말을 꺼냈다.

"미륵보살? 언제는 저주를 받았다더니?"

"그게 다 부처의 시험이었단다. 넌 그 시험을 이겨낸 거고. 웃기지 않니?"

말을 하다 말고 지효는 도저히 못 참겠는지 배를 움켜쥐고 요란하게 웃어 댔다. 카시기야도 그 웃음에 전염이 된 듯 탁자에 엎어져서 웃음을 터뜨렸다.

"미륵? 보살? 그게 대체 뭐야?"

두 소녀가 미친 듯이 웃어 대자 세넨무트가 끼어들었다. 지효는 손사래를 쳤다.

"이집트 소년은 몰라도 되는 거야. 큭큭!"

"야, 웃으려면 같이 웃어야지 궁금하잖아. 그게 뭐야?"

"그러니까 그게 뭐냐면…… 푸하하하하!"

"웃지 말고 똑바로! 너희, 짜고 나 놀리는 거 아니야? 야, 은지효! 똑바로 말 안 해?"

정색을 하는 세넨무트와 그래도 웃음을 멈추지 못하는 두 소녀 때문에 별궁은 한동안 소란스러웠다.

"불가능하다니?"
모든 것이 어둠에 잠긴 시간, 아나호베는 희미한 등잔불 건너편에 앉은 모리야의 말에 믿어지지 않는다는 듯한 표정을 지었다.
"아무것도 찾을 수가 없다는 게 도대체 무슨 소리야?"
아나호베의 앞에 무릎을 꿇고 앉은 모리야는 이마가 바닥에 닿을 정도로 깊이 고개를 숙였다.
"죄송합니다. 말씀 드린 그대로입니다. 은지효와 세넨무트에 관한 어떤 기록, 둘을 아는 어떤 사람도 찾을 수가 없었습니다."
아나호베는 미간을 찌푸렸다.
"야마토 사람이 아닌가 보지. 그럼 백제에 건너가서……."
"벌써 백제 전역으로 부하들을 보냈습니다. 하지만 그래도 결과는 마찬가지였습니다."
모리야의 말에 아나호베의 얼굴이 진지해졌다.
"그런데도 없단 말이야? 하늘에서 뚝 떨어지지 않고서야 그런 일이 가능할 리가 없잖아?"
아나호베의 말에 모리야는 무언가 생각난 듯 고개를 들었다.
"그러고 보니 아예 없지는 않군요. 그 두 사람이 처음 카시기야 공주님을 만난 날, 그 자리에 함께 있던 사람이 있습니다."
"그게 누군데?"

"해적들입니다. 비다쓰 왕이 한창 해적 소탕에 열을 올릴 때 잡아들인 해적들 중 은지효와 세넨무트를 아는 자들이 있다고 들었습니다."

아나호베는 당장 자리를 박차고 일어났다.

"그럼 당장 만나 봐야겠군. 가자!"

해적들을 가둔 감옥은 왕궁에서 멀리 떨어진 가와치 평원에 있었다. 가와치 평원은 끝도 없이 너른 평야로, 야마토 분지와 함께 일본 최고의 곡창지대 중 하나였다. 하지만 감옥에 갇힌 해적들은 그 풍요로운 땅의 혜택을 전혀 받지 못했다. 그들은 아침부터 밤늦게까지 평야와 인접한 황무지로 끌려 나가 하루 종일 돌을 골라내고 땅을 일구어야 했다.

아나호베와 모리야가 찾아갔을 때도 그들은 황무지 위에 서 있었다. 난데없는 왕족의 방문에 해적들은 재빨리 흙바닥에 꿇어앉았다. 그들의 발목을 묶은 굵은 쇠사슬이 절그럭거리며 묵직한 소리를 냈다.

"너희 중 카시기야 공주님을 납치하려 한 자들이 있다고 들었다. 앞으로 나서라."

싸늘한 모리야의 목소리에 몇몇이 무릎걸음으로 나섰다. 그들은 이제 죽었다 싶었는지 더욱 바싹 몸을 숙이며 애원했다.

"제, 제발 살려만 주십시오. 저희가 그때 잠깐 눈에 보이는 게 없어서……."

"죽이려는 게 아니다. 뭘 좀 물어보려는 거지."

아나호베가 그의 말을 끊었다.

"혹시 카시기야 또래의 소녀와 소년도 기억하느냐? 머리가 짧은 소녀와 피부색이 짙은 소년 말이다."

아나호베가 길게 설명할 필요도 없었다. 그날 카시기야를 납치하려던 해적들이 입을 모아 외쳤기 때문이었다.

"그 천인天人, 하늘에서 내려온 신성한 존재들!"

"천인이라니? 누가 천인이란 말이냐?"

"그 두 아이들 말입니다요. 구름 한 점 없는 하늘에서 뚝 떨어졌거든요."

"하늘에서 떨어져?"

도저히 믿기지 않는다는 듯 아나호베는 입을 쩍 벌렸다. 모리야 역시 어리둥절한 표정을 짓기는 마찬가지였다. 하지만 아무리 묻고 또 물어도 돌아오는 대답은 똑같았다. 결국 아나호베는 분통을 터뜨렸다.

"사람이 새도 아니고! 도대체가 그게 말이 되냐고?!"

왕궁으로 돌아온 아나호베를 기다리고 있는 것은 뜻밖의 소식이었다. 백제를 도와 신라 정벌에 나선 비다쓰가 오히려 신라군에 포위되었다가 간신히 탈출하여 관산성에 고립되어 있다는 나쁜 소식이었다.

백제의 성왕은 이름난 전략가에 타고난 무인이었다. 거기에 비다쓰와 천 명의 무사들까지 더해진 전력은 실로 막강했다. 신라의 몰락은 예정된 수순처럼 보였다.

하지만 뜻밖에도 결과는 그 반대였다. 백제군의 대규모 공격을 신라군은 매복과 기습을 통해 무력화시켰고, 그 와중에 성왕에게 치명

적인 부상을 입히는 성과를 올리기도 했다.

"그들은 항상 우리가 언제, 어디로 움직일 거라는 걸 알고 있었습니다. 신라 땅에 들어선 뒤부터 마치 누군가가 우리를 지켜보는 것만 같았어요."

전령은 생각만 해도 두려운 듯 두 손으로 머리를 감싼 채 몸을 부르르 떨었다. 창백하게 질린 얼굴과 깡마른 손가락이 그간의 힘들었던 시간을 말해 주는 듯했다.

"그런 일이…… 백제의 병력에 우리의 병사들을 더하면 족히 일만은 되는 병사들인데!"

"그들이 다 알고 있었다고? 대체 어떻게?"

"신라에도 신녀가 있다고 들었습니다. 그 신녀의 신통력이 대단하나 봅니다."

전령의 말에 대전 안은 시장 바닥처럼 시끄러워졌다.

"어허, 그런 얘기가 왜 나오는 겁니까? 지금 그게 중요한 게 아니잖아요?"

대신들과 귀족들은 서로 눈짓과 손짓을 주고받았다. 아나호베 역시 등 뒤에 앉은 모리야, 그리고 동생 야카베와 나직한 귓속말을 나누었다. 비다쓰의 빈자리는 그 자체로 큰 혼란이었던 것이다.

"지금 한가하게 이야기나 나눌 때가 아니잖아요? 당장 비다쓰 전하를 구하러 가야 해요."

대전 한쪽에서 그런 모습을 지켜보던 카시기야가 벌떡 일어나며 외쳤다.

카시기야의 말에 먼저 반응한 것은 우마코였다.

"카시기야 공주님의 말씀이 맞습니다. 비다쓰 전하는 다시없을 성군입니다. 어떠한 희생을 감수하고서라도 무사히 모셔 와야 합니다."

"지당한 말씀! 지금 당장 배를 띄웁시다."

"병사가 모자란다면 내 사병들이라도 내놓겠소!"

우마코를 비롯한 숭불파의 귀족들은 당장 일어날 듯 엉덩이를 들썩였다.

"난 반대요. 모두 다시 앉으시오."

순간 아나호베가 나직이, 하지만 힘 있는 목소리로 말했다. 그의 목소리에는 거역하기 힘든 위엄이 있었다. 귀족들은 일어나려다 말고 주춤거리며 카시기야 쪽을 슬쩍 바라보았다.

카시기야가 아나호베를 노려보며 말했다.

"반대라니요? 혹시 지금 비다쓰 전하께서 예전에 오빠를 변방으로 보낸 것에 대한 복수를 하려는 것은 아니겠지요? 오빠가 그 정도로 치사하진 않다고 믿겠어요."

"그럴 리가. 내가 그 정도로 밖에 안 보였다니 실망인데?"

아나호베가 정색을 하며 말했다.

"나도 물론 비다쓰 전하를 구하고 싶다. 하지만 지금 야마토는 위기에 몰렸어. 단 한 명의 병사도 야마토를 떠날 수 없다."

"도대체 비다쓰 전하를 포기해야 하는 그 위기가 뭐예요?"

카시기야가 끝내 폭발했다.

"수나라 양제가 이끄는 일만 대군이 바닷길을 통해 이곳으로 몰려오고 있으니까."

아나호베의 말은 크지 않았다. 하지만 그의 말을 들은 모든 사람들의 얼굴이 단번에 하얗게 질렸다. 비다쓰가 끌고 간 일천의 병사들도 섬나라인 야마토에서는 결코 적지 않은 숫자였다.

"일만 대군이라니……."

누군가 탄식처럼 내뱉었다. 절망감이 궁전 안에 무겁게 드리웠다. 비다쓰의 이름은 순식간에 그들의 머릿속에서 지워진 듯했다. 카시기야는 입술을 깨물며 자리를 박차고 나왔다.

그런 카시기야의 앞을 어느새 뒤따라온 아나호베가 막아섰다.

"이제 알겠지? 지금은 멀리 있는 왕보다 이 땅을 먼저 지켜야 할 때야."

"누가 오빠의 속셈을 모를 줄 알아요? 이 기회에 얼렁뚱땅 왕좌를 차지하려는 거잖아요. 전쟁이 나면 사람들은 오빠에게 더욱 기대게 될 테니까."

카시기야의 말에 아나호베는 굳이 야욕을 숨기지 않았다.

"네 말대로야. 난 차라리 전쟁이 났으면 해. 위기일수록 강한 왕을 원하기 마련이거든."

"그럼 오빠는 오빠 생각대로 해요. 난 나대로 비다쓰 전하를 구하러 갈 테니까."

아나호베는 그의 앞을 스쳐 지나려는 카시기야의 팔목을 움켜잡았다.

"아아, 그럴 수는 없지. 넌 지금 백성들의 마음을 잡을 수 있는 중요한 존재야. 그러니 엉뚱한 생각 말고 얌전히 내 옆에 남아 있어야겠어.”

카시기야를 잡은 아나호베의 손에 힘이 들어갔다.

“어…… 어쩌려는 거야?”

“열어! 열란 말이야.”

카시기야는 덜그럭거리는 마차 문을 발로 힘껏 걷어찼다. 하지만 밖에서 단단히 잠긴 문은 꼼짝도 하지 않았다. 카시기야는 한 번 더 문을 걷어차려다가 지쳤는지 바닥에 털썩 주저앉았다.

마차는 꽤 먼 곳을 가는 듯 한참 동안 달리더니 이내 산길로 들어섰는지 좌우로 크게 기우뚱거렸다. 그러기를 한참, 마침내 마차가 멈추었다.

하지만 문은 열리지 않았다. 다만 윽윽, 하는 신음 소리와 누군가 넘어지는 듯 우당탕거리는 소리만이 요란했다. 그 사이사이로 억눌린 신음 소리가 들려오기도 했다.

순간 카시기야의 머릿속에 아나호베의 번뜩이는 눈빛과 모리야의 비열한 웃음이 떠올랐다.

“설마 나를…….”

불안감에 카시기야는 마차 구석 자리로 파고들었다.

끼이익!

마침내 마차의 문이 열렸다.

“카시기야, 어서 나와!”

문을 열고 손짓을 하는 사람은 바로 지효였다. 그녀의 등 뒤에는 단단한 목검을 들고 있는 세넨무트가 보였다. 카시기야는 반색을 하며 마차 밖으로 달려 나갔다. 예상대로 마차 밖에는 모리야와 그의 부하들이 기절한 듯 쓰러져 있었다.

지효가 말했다.

"괜찮아?"

"응. 멀쩡해. 하지만 비다쓰 전하가 신라 땅에 고립되어 있대. 구하러 가야 해."

"당연하지. 당장 출발하자."

지효의 말에 세넨무트도 고개를 끄덕였다. 하지만 카시기야는 정색을 하며 물었다.

"바다를 건너는 건 힘들어. 파도에 쓸려 갈 수도 있고 방향을 잃을 수도 있어. 게다가 우리는 신라의 적이야. 자칫 잘못하다가는 죽을 수도 있어."

"쯧쯧, 진짜 뭘 모르시네. 그러니까 더욱더 우리가 가야 하는 거야. 배를 다루고 방향을 잡는 건 저기 저 똑똑한 세넨무트가 해 줄 거고, 신라에 도착하면 길잡이는 내가 해 줄게. 내가 그쪽 지리는 정통하다고. 소풍에 수학여행에 졸업여행까지, 안 가본 데가 없다 이 말씀이지."

지효의 말에 카시기야는 알 듯 모를 듯한 표정을 지었다.

"소풍은 뭐고 수학여행은 또 뭐야?"

"그, 그런 게 있어. 그런 거 캐물을 시간에 얼른 출발하자. 이 사람들 깨어나기 전에 얼른 배에 타야지."

지효는 카시기야와 세넨무트의 등을 떠밀었다.

다행히도 바다는 잔잔했고, 바람은 순풍이었다. 세 사람을 태운 작은 배는 별다른 사고 없이 신라 남쪽의 해변에 도착했다. 셋은 모래밭에 내려서자마자 배를 수풀에 숨긴 다음 미리 준비해 온 허름한 옷으로 갈아입고, 손에는 호미와 바구니를 들었다. 그러자 영락없이 금방 밭을 매고 온 신라인처럼 보였다. 좁은 농로에서 몇 번이나 신라인들과 마주쳤지만 아무도 세 사람을 의심하지 않았다.

지효는 과연 장담한 대로 두 사람을 이리저리 이끌었다.

"잠깐만 기다려. 건물들이 바뀌니까 영 헷갈리네."

"너 진짜 길을 아는 거 맞아?"

"당근이지. 아, 저기다. 저기 저 산이 맞아. 봉우리가 특이해서 친구들이랑 사진도 찍었거든."

가끔씩 갈림길이 나오면 멈춰 서서 먼 산을 바라보기도 하고, 때로는 밭을 일구는 농민들에게 길을 묻기도 하는 사이, 지효와 두 친구는 어느새 관산성이 보이는 산 아래에 도착했다.

관산성 주변에는 군데군데 천으로 만든 군막이 보였고, 창을 든 병사들이 순찰을 하듯 산 주변을 서성이는 것이 한눈에 보기에도 경계가 삼엄했다.

"이제 어떻게 해야 하지?"

"뭘 어떻게 해? 일단 올라가는 거지."

카시기야는 입술을 악다물고 산 주변을 빙빙 돌기 시작했다. 그리고 한참 만에 수풀이 우거지고 경사가 급한 바위 절벽 아래에 멈춰 섰다. 다른 곳과는 달리 절벽 아래에는 경비병들의 모습이 보이지 않앉다.
 카시기야는 망설이지 않고 바위 위로 뛰어올랐다. 며칠째 잠도 자지 못하고, 제대로 먹지도 못했지만 카시기야의 발걸음은 조금도 흔들림이 없었다. 지효와 세넨무트도 말없이 그녀의 뒤를 따랐다.
 "이봐, 너희!"
 셋이 막 산 중턱에 이르렀을 때였다. 푸른 옷에 등에는 활을 비켜 메고, 두건에는 잿빛 꿩의 깃털을 꽂은 청년이 앞을 가로막았다. 지효는 단번에 그 청년이 화랑이라는 것을 알아챘다. 세 사람을 쏘아보는 화랑의 눈빛은 매섭기 그지없었다.
 "이곳은 일반인들이 다닐 수 없는 길인데 어떻게 올라온 거지?"
 그의 질문에 카시기야와 세넨무트의 얼굴이 딱딱하게 굳어졌다.
 대답이 없자 화랑의 눈초리가 점점 더 사나워졌다. 특히 제법 건장한 체격의 세넨무트를 바라보는 시선은 험하기가 이루 말할 수 없었다. 급기야 화랑의 손이 허리에 찬 칼의 손잡이에 닿았다.
 "잠깐만요, 헥헥……! 이 애들은 듣지도, 말하지도 못해요."
 뒤늦게 낑낑거리며 절벽을 기어오른 지효가 외쳤다. 화랑은 여전히 의심스럽다는 듯이 눈을 가늘게 떴다.
 "그런 아이들이 왜 여기에 온 거지? 게다가 너희는 아무리 봐도 농민들이 아닌데?"
 그는 세넨무트의 이국적인 얼굴과 카시기야의 뽀얀 피부를 유심히 바라보며 물었다.
 '어휴! 세넨무트 녀석, 하여튼 저 얼굴이 문제라니까. 카시기야 너

도 쓸데없이 예쁘다고!'

지효는 서둘러 둘을 등 뒤로 숨겼다.

"우, 우리는 약초를 캐는 심마니들이에요. 보시다시피 농민과는 어울리지 않는 얼굴 때문에 할 수 없이 이 일을 하는 거죠. 산에 안 오를 땐 주로 집에만 있어요. 그래서 얘 얼굴이 이렇게 하얀 거예요."

화랑은 여전히 의심스러운 눈초리로 셋을 노려보았다.

"그런데 여기서 뭘 하는 거냐고? 분명 통행을 금한다는 방을 붙였는데."

지효는 험한 표정의 화랑에게 오히려 바싹 다가섰다. 그리고 그의 귓가에 속삭였다.

"작전지역이니 통제구역이니 하는 건 듣긴 들었죠. 근데 이 산에 산삼 밭이 있다는 소문이 있다고요. 심마니들은 자고로 삼이 있는 곳이라면 호랑이가 나온대도 가야 해요. 그래야 먹고 살죠."

지효는 말을 하며 여봐란듯이 옆구리에 힘겹게 끼고 온 바구니를 내밀었다. 화랑은 호기심 어린 표정으로 바구니 안을 들여다보다가 이내 인상을 찡그렸다. 바구니가 텅 비어 있었기 때문이었다.

"뭐야? 아무것도 없잖아?"

"아직 그 산삼 밭을 찾지 못했으니까 당연히 바구니에는 아무것도 없죠."

"산삼은 없었지만 도라지나 칡은 꽤 있었을 텐데? 아무리 생각해도 수상해. 잠깐 따라 와야겠어."

화랑이 다시 날카로운 기세를 내뿜자 지효는 다리가 덜덜 떨리고

목 안이 타들어갔다. 등 뒤에 선 세넨무트와 카시기야 역시 마찬가지였다. 힐끗 돌아본 뒤쪽은 깎아지른 절벽이었다. 돌아설 수도, 도망갈 수도 없었다.

숨을 깊이 들이쉬는 지효의 눈에 오른팔에 채운 팔찌가 들어왔다. 용기와 지혜의 보석이 소매 속에서 반짝였다. 그러자 터질 듯 뛰던 심장 고동이 조금은 가라앉는 것을 느꼈다.

지효는 애써 싹싹하게 웃으며 말했다.

"에이, 그래도 산삼을 담을 바구니인데 어떻게 도라지를 넣어요? 부정 타게. 저희, 딱 요 앞까지만 찾아보고 내려가면 안 될까요? 저기에도 없으면 화랑님 말대로 칡뿌리라도 캐서 내려갈게요. 오늘 돼지꿈 꾸고 왔단 말이에요. 제발요!"

지효의 애원에 화랑은 약간 망설이는 듯 입을 다물었다. 지효가 다시 애원조로 말했다.

"저희를 보세요. 먹을 것도 없고 신발은 짚신에다가 무기도 하나 없잖아요. 도저히 산에서 밤은 못 새운다고요. 해 지기 전에 꼭 내려갈게요. 네?"

지효의 말에 화랑은 세 사람의 옷차림을 찬찬히 살폈다. 지효의 말대로 동네 뒷산에라도 올라온 듯한 가벼운 차림새였다. 그가 고개를 끄덕였다.

"노을이 질 때까지는 내려가라. 만약 다시 돌아왔을 때도 산에서 얼쩡거리면 죽일 테다."

"네. 걱정 마세요. 아 참, 산삼 찾으면 화랑님 한 뿌리 드릴게요. 이름이 어떻게 되세요?"

"하하하하! 그거 고맙지. 나는 김무력김유신의 할아버지이라고 해. 꼭 기억해 놔."

지효의 싹싹함이 마음에 들었는지 화랑은 껄껄 웃으며 돌아섰다.

"잘 지나갔어? 뭐래?"

"무슨 얘기를 그렇게 오래 했어?"

김무력이 완전히 멀어지자 카시기야와 세넨무트가 동시에 물었다. 지효는 엄지손가락을 치켜들었다.

"나만 믿으라고 했지?"

카시기야와 세넨무트는 그제야 가슴을 쓸어내렸다. 지효가 둘의 등을 떠밀었다.

"자자, 어서 올라가야 해. 해 질 때 다시 온다고 했단 말이야."

관산성은 바위 절벽 위에 아슬아슬하게 자리 잡고 있었다. 성의 뒤편은 가파른 절벽이고 좌우는 울창한 소나무 숲으로 덮여 있어 산등성을 따라 난 정면의 오솔길만 미리 대비하면 기습의 걱정이 없는, 그야말로 천혜의 요새였다. 하지만 그 말은 반대로 얘기하자면 앞쪽 길이 막히면 절대로 빠져나올 수 없는 거대한 무덤과도 같다는 말이었다. 부상당한 몸으로 관산성 안에 몸을 숨긴 비다쓰의 심정이 딱 그랬다. 산등성을 따라 길게 늘어선 신라군의 군막을 볼 때마다 그는 숨이 턱턱 막히는 듯 답답했다.

"본국에서는 아직 아무런 전갈이 없나?"

왕의 호위 무사이자 부관인 키미카사후는 말없이 고개를 저었다. 비다쓰는 그럴 줄 알았다는 듯 별다른 반응을 보이지 않았다. 전령을 보낸 지 벌써 보름이 넘었으니 지원군이 왔다면 벌써 왔을 터였다. 이는 둘 중 하나를 의미했다. 전령이 미처 산을 빠져나가지 못했거나, 본국에서 지원 요청을 거부한 경우. 둘 중 어느 쪽을 생각해도 비다쓰에게는 절망적인 상황이었다.

"전하! 전하!"

흥분한 병사가 성벽 위로 뛰어올라 온 것은 바로 그때였다. 병사는 단숨에 비다쓰에게 달려와서는 숨 돌릴 틈도 없이 말했다.

"헉헉……! 본국에서 카시기야 공주님께서 오셨습니다!"

"카시기야가 왔다고?"

그의 말에 비다쓰의 얼굴은 화색이 돌았다. 그는 조금 전 병사가 그랬던 것처럼 단번에 계단을 뛰어 내려갔다. 그리고 그 자리에 얼어붙었다. 카시기야와 지효, 세넨무트까지 단 세 명이 서 있었기 때문이었다. 그것도 옷은 다 찢어지고 얼굴과 팔은 이리저리 긁힌 거지꼴로 말이다.

"왜 너희만 있지? 다른 원군들은 어디 있어? 산 아래에 숨어 있는 건가?"

카시기야가 고개를 흔들었다.

"원군은 없어요. 저희뿐이에요."

카시기야의 말에 비다쓰는 차라리 눈을 질끈 감고 말았다.

"아나호베의 말이 맞다. 나보다는 본국을 먼저 생각해야지."

침침한 촛불 아래 비다쓰가 혼잣말처럼 중얼거렸다. 카시기야는 앞에 놓인 멀건 국물을 말없이 바라보았다. 왕인 비다쓰의 앞에 놓인 그릇에도 건더기가 별로 없는 국물 한 그릇이 놓여 있었다. 왕의 식사가 이러니 병사들의 사정은 묻지 않아도 뻔했다.

카시기야가 말했다.

"몇 명이나 남았나요?"

"한 오십 명 정도 남았나? 신라군은 강했다. 특히 젊은 화랑들은 정말이지 악몽이었다."

쓴 가시를 삼킨 듯 비다쓰가 얼굴을 찡그렸다.

카시기야와 세넨무트가 묵묵부답인데 반해 지효는 가만히 고개를 끄덕였다. 신라가 삼국을 통일한 저력이 바로 화랑이라는 것을 알고 있기 때문이었다.

"게다가 대체 어떻게 아는지 그들은 우리보다 꼭 한 발짝 먼저 기습을 해 왔다. 마치 부처가 손오공을 손바닥 위에 놓고 놀리듯 우리는 신라군에게 끌려 다닐 수밖에 없었어. 신라에는 엄청난 신녀가 있는 게 틀림없어. 그렇지 않고서야 설명이 안 돼."

비다쓰의 말에 성 안에 있던 호위 무사들과 병사들도 어깨를 부르르 떨었다. 누군가가 작게 중얼거렸다.

"틀렸어. 우린 아무도 빠져나가지 못할 거야."

시커먼 절망감이 모두의 어깨를 짓눌렀다.

한동안 숨 막히는 침묵이 내려앉았다. 비다쓰와 카시기야, 세넨무트는 각자 혼자만의 생각에 골똘히 잠겼는지 입을 꾹 다물고 있었다. 지효도 괜히 손가락을 만지작거렸다. 그러다가 문득 아, 하는 탄성을 지르며 벌떡 일어났다.

"김무력!"

다들 무슨 말이냐는 듯 지효를 돌아보았다. 지효가 비다쓰를 보며 말했다.

"신녀가 아니에요. 가야 사람들이 신라군에게 전하의 행적을 알려 준 거예요."

비다쓰가 고개를 저었다.

"네가 잘 몰라서 그러는 모양인데, 가야인들은 백제와 고구려를 합한 것만큼이나 신라를 미워해. 신라인들 역시 마찬가지고."

지효가 고개를 흔들었다.

"예전에는 그럴지 몰라도 지금은 아니라고요."

지효는 머리를 움켜쥐고 필사적으로 신라에 대한 기억을 더듬었다.

"틀림없어요. 신라에서는 가야인들을 신라 사람들과 평등하게 대하기로 했어요. 유능한 청년들을 화랑으로 뽑기도 하고 가야의 귀족들이 신라의 귀족회의에 참여하도록 하면서 말이에요. 이곳에 오다가 만난 김무력이라는 화랑이 바로 가야 출신이에요."

비다쓰가 눈을 동그랗게 뜨고 물었다.

"정말이냐? 하지만……."

"절 믿으세요. 그리고 바다를 건너온다는 수나라 대군의 목적지도 야마토가 아니에요. 아마도 신라의 요청을 받아 고구려를 공격하러 가는 걸 거예요. 신라는 한반도의 삼국통일을 위해 수나라를 이용하기로 한 거예요."

 지효의 목소리는 확신에 차 있었다. 비다쓰를 비롯한 많은 사람들이 도저히 믿어지지 않는다는 듯 입을 쩍 벌렸다. 심지어 만날 구박만 하던 세넨무트조차 감탄한 듯한 눈으로 지효를 바라보았다.

 카시기야가 말했다.

 "세상에……! 넌 그 많은 걸 어떻게 알고 있는 거야?"

 지효는 멋쩍은 듯 씩 웃었다.

 "역사 공부를 좀 했다고나 할까? 국제 정세에 관심이 좀 많아서 말이지."

 비다쓰가 얼떨떨한 표정으로 말했다.

 "하지만 그 모든 걸 알았다고 해도 여전히 우린 이곳에 갇힌 몸이다."

 "절벽으로 내려가요. 우리가 올라왔던 대로 산짐승들이 다니는 길을 타고 내려가면 돼요."

 카시기야의 말에 비다쓰가 고개를 흔들었다.

 "설사 산 아래로 내려간다손 치더라도 이 많은 인원은 눈에 띄게 마련이다. 바다를 보기도 전에 신라군에게 잡힐 것이다."

 비다쓰의 말에 지효는 곰곰이 생각하다가 문득 한쪽 눈을 찡긋했다.

 "그렇다면 이 인원이 몰려다녀도 아무도 의심하지 않게 변장을 해야죠."

 "그런 게 가능할 리가 없잖아."

 세넨무트가 핀잔을 주었다. 지효가 쯧쯧, 혀를 차며 손가락을 흔들었다.

"잊었어? 신라는 불교 국가야. 스님들이라면 백 명이든 이백 명이든 의심하지 않는다고."

지효의 말에 비다쓰의 눈이 휘둥그레졌다.

"나더러 머리를 깎으라고?"

"죽는 것보다야 낫잖아요? 뭘 그런 걸 가지고 엄살이세요?"

야마토 왕국을 위하여

　비다쓰와 야마토 병사들은 한밤의 어둠을 틈타 관산성 벽을 넘었다. 발아래는 깎아지른 절벽이었다. 카시기야, 지효, 세넨무트는 그들을 눈에 잘 띄지 않는 오솔길로 안내했다. 어제 하루 내내 산을 더듬어 찾아낸 사슴 길이었다.

　이윽고 산 아래로 내려온 일행은 다시 한 번 숨을 죽였다. 산 전체를 감싸듯 포위한 신라군들의 군막 때문이었다. 다행히 신라의 보초병은 긴 전투와 지루한 공성전攻城戰, 성이나 요새를 차지하기 위해 벌이는 전쟁에 지쳤는지 창대에 기대 꾸벅꾸벅 졸고 있었다. 일행은 수풀을 지나는 뱀처럼 발끝을 들고 막사와 막사 사이를 지나쳤다.

　포위망을 벗어나자 비다쓰와 병사들은 입고 있던 옷을 벗어 땅에 묻고, 세넨무트가 인근 절을 돌며 사온 가사를 걸쳤다. 상투처럼 정수리 위로 묶었던 머리까지 잘라 내자 영락없는 스님들이었다. 병사들은 서로의 모습을 보며 영 어색한지 고개를 설레설레 흔들었다. 비다쓰도 자꾸만 손으로 파르스름한 머리를 만졌다.

모든 준비가 끝나자 하늘에서 동이 트기 시작했다. 일행은 서둘러 숨어 있던 야산을 벗어나 바다로 향했다.

"안녕하세요."

아직 푸르스름한 여명이 남아 있는 이른 시간인데도 신라의 농민들은 벌써부터 들에 나와 있었다. 그들은 일행을 보자 하나같이 정중히 손을 모으며 인사를 건네 왔다. 비다쓰는 처음에 당황했지만 이내 마주 고개를 숙이는 것으로 인사를 대신했다. 굳이 말을 하지 않아도 된다는 것을 깨달은 것이다. 그 뒤로는 일사천리였다. 비다쓰와 병사들은 사람들의 시선을 신경 쓰지 않아도 된다는 것을 알자마자 바닷가로 향하는 가장 가까운 길을 택했다. 그리고 만 나흘 만에 드디어 카시기야가 배를 숨겨둔 곳에 도착했다.

"드디어 돌아가는 건가?"

배에 올라탄 비다쓰가 감회에 젖은 얼굴로 말했다. 카시기야가 그의 손을 잡았다.

바다는 세 명이서 신라로 건너올 때보다 거칠었다. 하지만 문제될 것은 하나도 없었다. 배에 탄 병사들 모두가 숙련된 선원이었기 때문이었다. 그들은 노를 젓고 키를 이리저리 돌리며 순식간에 해협을 건넜다. 그리고 마침내 배가 야마토의 해변에 닿자 비다쓰와 병사들은 앞 다투어 배에서 뛰어내리며 환호성을 올렸다. 그제야 살아서 돌아왔다는 사실을 실감했던 것이다.

비다쓰는 모래사장에 한참이나 드러누워 있다가 벌떡 일어났다. 그리고 그제야 생각이 난 듯 카시기야를 바라보며 물었다.

"그런데 내가 야마토를 떠나기 전에 낸 내기에서 누가 이겼지?"

카시기야와 지효, 세넨무트의 시선이 허공에서 잠깐 마주쳤다. 셋은 동시에 외쳤다.

"우리가 이겼죠, 당연히!"

"으하하하하하! 그럼 세넨무트가 너의 신랑감으로 결정된 거구나. 아나호베 녀석, 세넨무트한테도 지고 나도 무사히 돌아왔다는 걸 알면 열 좀 받겠는걸?"

비다쓰의 말에 일행은 일제히 폭소를 터뜨렸다. 하지만 지효만큼은 웃을 수가 없었다. 위기감이 가시자 비로소 내기의 대가가 무엇이었는지 떠올랐기 때문이었다. 지효는 나란히 웃고 있는 카시기야와 세넨무트를 보다가 슬쩍 시선을 외면했다. 그런 지효의 눈에 다급한 얼굴로 자리에서 일어나는 병사가 보였다.

"하긴, 화장실이 급할 만하지."

지효는 공감한다는 듯 고개를 끄덕였다. 하지만 나머지 사람들은 그 병사 한 명이 슬그머니 해변을 떠나는 것을 알아채지 못했다.

쾅!

"뭐라고? 누가 돌아왔다고?"

아나호베가 찻상을 내려치는 바람에 그 위에 놓여 있던 찻잔과 찻주전자가 바닥으로 떨어지며 산산조각 났다. 모리야는 움찔 옆으로 몸을 움츠리며 말했다.

"오카야마 현의 해변에 비다쓰 왕과 살아남은 병사들이 도착했다고 합니다."

"대체 어떻게?!"

"카시기야 공주님이 직접 관산성까지 가서 모셔왔다고 합니다. 그리고……."

모리야는 옆에 납작 엎드려 있는 사내를 힐끔 돌아보았다. 먼 길을 달려온 듯 그의 옷은 다 해졌고, 머리는 웬일인지 파르스름하게 깎여 있었다.

"이자가 말하길 지효라는 소녀가 무척 특이한 말을 했다고 합니다."

"특이한 말이라니?"

모리야는 대답 대신 사내의 옆구리를 가볍게 찔렀다. 그러자 그가 고개를 들었다. 놀랍게도 그는 신라에서부터 비다쓰와 함께 배를 타고 온 호위였다. 동시에 오래전 모리야가 비다쓰의 곁에 심어 둔 첩자이기도 했다. 그가 머리를 조아리며 말했다.

"그 아이는 신라에 대해 너무나 잘 알고 있었습니다. 신라의 정치 성향이라든가 김무력이라는 화랑, 수나라와 신라의 외교 등등 일반인이 도저히 알 수 없는 것까지요. 더구나 신라가 고구려, 백제를 무너뜨리고 삼국을 통일할 것이라 예언하기도 했습니다."

"막강한 군사력을 가진 고구려가 아니라 신라가 삼국을 통일한다고? 그거 정말 특이하군."

"마치 신녀가 미래를 예측하듯 확신에 찬 목소리였습니다. 비다쓰 전하께서도 감히 의심하지 않을 정도였습니다."

아나호베는 반쯤 깨진 탁자의 모서리를 손가락으로 두들겼다. 그의 눈은 상처 입은 짐승처럼 위험하게 번뜩였다. 실제로 그의 심장 언저리는 날카로운 가시에 찔린 것처럼 아파 왔다. 왕좌의 주인이 돌아왔다는 것보다 자칫하다가는 카시기야를 세넨무트에게 빼앗길지도 모른다는 생각이 그의 머릿속을 진흙탕처럼 헤집고 다녔다. 그리고 그런 조바심과 분노는 그의 이성을 빼앗아갔다.

"그 누구에게도 카시기야를 빼앗길 수는 없다. 카시기야와 결혼할 상대를 정하는 게 왕이라면 나 스스로 왕이 될 것이다. 그러기 위해서는 비다쓰가 절대 돌아와서는 안 된다."

아나호베의 말에 모리야는 이마가 바닥에 닿도록 고개를 숙였다. 이유야 어떻든 그는 오래도록 아나호베를 왕으로 만들고 싶어 했다. 그리고 마침내 그 기회가 온 것이다.

"주군의 명령을 받들겠습니다."

지효와 세넨무트, 카시기야는 모처럼 가벼운 마음으로 말을 달렸다. 하지만 왕성까지 쉬지 않고 달리려던 카시기야는 산허리를 도는 순간 깜짝 놀라며 말고삐를 당겼다. 지효와 세넨무트도 간발의 차이로 말을 세웠다. 길 한가운데 누군가 서 있었기 때문이었다. 그리고 그는 셋 모두가 아주 잘 아는 사람이었다.

"우마코 아저씨!"

그는 소가 우마코였다.

"삼촌! 여긴 어떻게 오셨어요? 아니지, 그보다 깜짝 놀랄 소식이 있어요. 비다쓰……."

"비다쓰 전하가 돌아오셨다는 소식은 저도 들었습니다."

우마코의 목소리에 막 말에서 내려선 카시기야와 지효, 세넨무트는 놀란 듯 서로의 얼굴을 바라보았다. 그리고 다시 고개를 돌려 길을 막고 선 우마코를 바라보았다. 평소와는 달리 그의 얼굴은 딱딱하게 굳어 있었다.

"어째 불안한데?"

세넨무트의 말이 아니어도 우마코의 행동은 충분히 수상했다. 카시기야가 정색을 하며 말했다.

"뭐하시는 거예요? 우린 한시라도 빨리 왕성으로 가서 비다쓰 전하의 도착을 알리고 전하를 맞을 준비를 해야 해요."

"물론 그래야지요. 하지만 그 전에 해결해야 할 게 하나 있습니다."

"그게 뭐죠?"

"비다쓰 전하는 무사히 돌아오셨지만 그와 함께했던 병사들은 몰살에 가까운 희생을 치렀습니다. 처절하도록 완벽한 패배를 당했다, 이 말입니다. 이대로 돌아간다면 백성들은 더 이상 비다쓰 전하를 지지하지 않을 겁니다."

"알고 있어요. 그래서 왕성에 도착하는 즉시 담징 대사께 대규모 추모 법회를 열어 주십사 부탁을 드리려고요."

우마코는 대견하다는 듯 카시기야를 바라보았다. 하지만 그의 얼굴은 여전히 딱딱하기만 했다.

"그걸로는 충분치 않습니다. 누군가 비다쓰 전하의 허물을 대신 덮어써야 합니다."

우마코의 시선이 천천히 지효와 세넨무트 쪽으로 향했다. 지효는 눈을 동그랗게 뜨고 손가락으로 자신을 가리켰다.

"에? 왜 그런 눈으로 보세요?"

"비다쓰 전하가 패배한 건 바로 너희 때문이니까."

"에? 그게 무슨 귀신 씻나락 까먹는 소리예요? 우리가 뭘 어쨌다고?"

지효가 팔짝 뛰었다. 세넨무트와 카시기야도 황당한 듯 입을 쩍 벌렸다. 하지만 우마코의 표정은 아까보다 오히려 더욱 진지해졌다.

"야마토 전역을 뒤져도 너희에 대한 기록은 단 한 줄도 없더구나. 너희를 아는 사람도, 가족이나 친척도 단 한 명도 없고. 마치 하늘에서 떨어지거나 땅에서 솟은 사람처럼 말이다. 게다가 너무나도 자연스럽게 왕궁에 스며들었지."

소가는 야마토 제일의 가문이었다. 모리야가 알아낸 것을 우마코가 모를 리가 없었다.

우마코의 말에 지효와 세넨무트는 뜨끔한 표정을 지었다. 우마코의 말대로 둘은 하늘에서 떨어졌던 것이다.

우마코의 말은 계속되었다.

"특히 수상한 건 은지효, 너다. 신라의 귀족들도 알기 힘든 정보들을 아주 소상하게 알고 있더구나. 더구나 넌 신라가 백제와 고구려를 통합할 거라고 했다지? 이 모든 걸 종합해 보면 너희 둘은 신라의 첩자가 틀림없다."

우마코의 말에 지효는 정말로 놀라고 말았다.

"그걸 어떻게……. 아니, 그보다 첩자라니요? 그게 말이 돼요? 나 같은 꼬마가 첩자라니요?"

세넨무트도 발끈했다.

"우리가 첩자라면 왜 목숨을 걸고 비다쓰 전하를 구해 왔겠어요?"

"맞아요. 그건 너무 심한 억지예요. 이 둘이 아니었다면 애초에 신라로 가는 것조차 불가능했어요. 게다가 이 둘이 아스카사를 짓기 위해 얼마나 노력했는지 누구보다 삼촌이 잘 아시잖아요?"

카시기야가 말도 안 된다는 듯 언성을 높였다. 뜻밖에도 우마코는 순순히 고개를 끄덕였다.

"당연히 알지요."

"그럼……."

"하지만 진실은 아무 상관이 없어. 지금 중요한 건 너희가 성난 민심을 달래는 데 매우 유용하다는 것이다. 저 둘을 첩자 혐의로 처형하면 흔들리는 민심을 다잡을 수 있어."

우마코는 말을 마치며 한 손을 번쩍 쳐들었다. 그러자 수풀 사이에서 건장한 사내들이 우르르 쏟아져 나와 단숨에 지효와 세넨무트, 카시기야를 빙 둘러쌌다. 그들 모두 소가 가문의 문장이 새겨진 옷을 입고 있었다.

"그런 억지가 어디 있어요? 이건 완전히 마녀사냥이잖아요? 비다쓰 전하도 아저씨가 이러시는 거 알고 있어요?"

지효는 억울하다는 듯 소리쳤다. 우마코는 대답 대신 고함을 쳤다.

"전하는 모르셔도 되는 일이다. 잡아! 반드시 산 채로 왕성까지 데려가야 한다. 공주님은 최대한 정중히 모시고."

우마코의 고함에 사내들이 움직였다. 동시에 세넨무트와 지효도 재빨리 움직였다. 둘은 필사적으로 사내들을 막으며 카시기야에게 소리쳤다.

"카시기야! 어서 말에 타!"

세넨무트는 사내들에게 얻어맞으면서도 그들의 팔이며 다리를 붙들고 늘어졌다.

"비다쓰 전하에게 가! 그러면 분명 저 미친 아저씨를 말려줄 거야!"

지효도 사내들의 팔뚝을 힘껏 물어뜯으며 외쳤다. 카시기야는 그들이 만들어 준 짧은 순간을 놓치지 않고 말에 올랐다. 그리고 힘껏 말의 옆구리를 걷어찼다.

"이랴!"

말은 바람처럼 달렸다. 힐끗 돌아보니 지효와 세넨무트는 아직도 사내들 사이에서 악을 쓰고 있었다. 카시기야는 터져 나오려는 눈물을 질끈 입술을 깨물어 참았다.

'조금만 참아! 조금만……. 비다쓰 전하께서 틀림없이 너희에 대한 오해를 풀어줄 거야.'

"공주를 잡아! 비다쓰 전하를 만나게 해서는 안 돼!"

등 뒤에서 우마코의 신경질적인 고함 소리가 들렸다. 뒤이어 그녀를 쫓는 말발굽 소리도. 카시기야는 뒤를 돌아보는 대신 다시 한 번 고삐를 바싹 당겼다.

"이랴!"

한참 말을 달리던 카시기야는 속도가 점점 느려지는 것을 느꼈다. 말이 지쳤기 때문이었다. 반대로 등 뒤를 쫓는 추격자들은 점점 더 가까워지고 있었다. 카시기야는 질끈 입술을 깨물었다. 그리고 말이 막 산모퉁이를 돌자마자 구르듯 말에서 뛰어내렸다.

말은 카시기야가 내린 것도 모르고 제 갈 길을 아는 듯 빠르게 달렸다.

카시기야는 말에서 내린 즉시 숲으로 뛰어들었다. 그리고는 미친 듯이 산을 타고 오르기 시작했다. 우마코가 왕성으로 지효와 세넨무트를 끌고 가기 전에 어떻게든 비다쓰에게 가야 했다.

"절대로 죽게 놔두지 않겠어."

두 사람이 자신을 위해 보여 주었던 그 많은 호의와 진심을 떠올리며 카시기야는 가파른 산길을 네 발로 기어올랐다.

그러던 한순간, 카시기야의 몸이 얼어붙었다. 어디선가 인기척이 났기 때문이었다. 그것도 한두 사람이 아닌 상당수의 발소리였다.

'맙소사! 벌써 따라왔나 봐.'

카시기야는 하얗게 질린 얼굴로 허둥지둥 우거진 풀숲에 몸을 던졌다.

부스럭!

카시기야가 몸을 숨기는 것과 동시에 한 무리의 사람들이 모습을 드러냈다. 머리끝부터 발끝까지 검은 옷을 입고, 등 뒤에는 길쭉한 칼을 둘러멘 남자들이었다. 마치 격렬한 싸움이라도 치르고 온 듯 그들의 손과 얼굴, 옷에는 새까맣게 변한 핏물이 묻어 있었다. 그들은 결코 우마코의 부하가 아니었다.

한순간 카시기야의 눈이 동전처럼 휘둥그레졌다. 수상한 무리의 맨 앞에서 걷는 사람이 바로 아나호베였기 때문이었다. 아나호베는 다른 사람과 달리 푸른 비단옷을 입고 있었는데, 그의 옷에도 역시 검붉은 핏방울이 점점이 흩뿌려져 있었다.

'아나호베 오빠가 왜 여기에……? 아니 그보다 대체 무슨 일이 있었던 거지?'

카시기야가 혼란에 빠져 있는 사이, 아나호베와 그를 따르는 무리는 카시기야가 숨은 수풀 옆을 스쳐 지나갔다. 카시기야는 재빨리 수풀 밖으로 달려 나와 다시 잰걸음으로 산등성을 향해 달렸다. 해가 지는 듯 주변이 서서히 어둠에 잠기고 있었.

한 치 앞도 보이지 않는 어둠을 뚫고 카시기야는 마침내 해변에 도착할 수 있었다. 하지만 카시기야는 비다쓰에게 달려가는 대신 그 자리에 돌처럼 굳어졌다.

"안 돼!"

비명이 터져 나왔다. 희미한 달빛 아래 펼쳐진 것은 지옥과도 같은 전경이었다. 간신히 죽음의 장소에서 탈출한 비다쓰와 부하들은 붉

은 피를 흘리며 모래밭에 쓰러져 있었다. 비다쓰는 그 한가운데 누워 있었다.

"믿을 수 없어. 아나호베 오빠가 이런 짓을 하다니!"

비척비척 비다쓰에게로 다가간 카시기야의 얼굴 위로 눈물이 쏟아졌다. 비다쓰를 잃은 슬픔에 지효와 세넨무트를 구할 수 없을지도 모른다는 불안감, 그리고 아나호베에 대한 배신감과 실망 때문에 카시기야는 숨을 쉴 수조차 없었다.

"아나호베!"

사실 카시기야는 오래전부터 호탕한 무인이자 이 땅에 대한 애정이 넘치는 아나호베를 좋아하고 있었다. 그리고 그 애정이 지금 그녀의 가슴을 할퀴고 있었다.

"카시기야……."

바로 그 순간, 죽은 줄 알았던 비다쓰의 입에서 흐릿한 음성이 흘러나왔다. 카시기야는 화들짝 놀라 눈물을 닦았다.

"전하!"

"아나호베였다. 그가……."

비다쓰가 다 꺼져 가는 음성으로 말했다. 카시기야는 비다쓰의 손을 꽉 움켜잡았다.

"말 안 해도 알아요. 그는 반드시 이런 짓을 한 벌을 받을 거예요."

같은 시간, 왕궁은 한바탕 난리를 치렀다. 느닷없이 들이닥친 아나호베 때문이었다. 그는 자못 비통한 얼굴로 말했다.

"간신히 해변에 오른 비다쓰 전하와 호위들을 신라군은 끈질기게 따라붙으며 공격하였소. 소식을 듣고 급히 달려갔지만 이미 전하께서는 숨을 거둔 뒤였소."

그의 말은 충격적이었다. 귀족들과 대신들 사이에서 술렁임이 일었다.

"믿을 수 없소. 며칠 전만 해도 비다쓰 전하는 신라의 관산성에 계신다고 하지 않았소?"

"신라군이 야마토 땅에 오르다니!"

아나호베는 그들의 목소리가 가라앉길 기다렸다가 다시 말했다.

"믿기 힘들겠지만 사실이오. 또한 비다쓰 전하는 이것을 내게 주며 나에게 왕위를 이으라는 유언을 남기셨소."

아나호베가 내민 것은 잉어 한 마리가 정교하게 새겨진 황금 목걸이였다. 그것은 보통 목걸이가 아닌 왕의 신물이었고, 하늘 아래 오직 한 사람 비다쓰만이 가지고 있는 물건이었다. 아나호베는 정말로 비다쓰를 만났던 것이다.

"이럴 수가……!"

귀족들은 경악한 얼굴로 아나호베와 목걸이를 번갈아 바라보았다. 그중에서도 가장 놀란 사람은 다름 아닌 우마코였다. 그는 수염을 부르르 떨며 중얼거렸다.

"아니야, 이럴 수는 없어!"

아나호베가 슬그머니 그를 바라보았다.

지친 걸음으로 집에 돌아온 우마코는 자신의 안락한 방으로 가는 대신 집 뒤편의 창고로 발을 옮겼다. 창고 안에는 잔뜩 독이 오른 얼굴의 지효와 세넨무트가 등을 맞댄 채 묶여 있었다.

우마코를 보자마자 지효가 외쳤다.

"우리를 풀어 줘요. 지금 풀어 주면 비다쓰 전하께 아무 말도 안 할게요. 약속해요."

우마코는 천천히 고개를 저었다.

"그는 오지 않아."

"오지 않다니요? 설마 우리처럼 어딘가에 가둬둔 거예요?"

세넨무트가 눈을 가늘게 뜨고 말했다. 우마코가 더욱 가라앉은 얼굴로 말했다.

"그게 아니다. 비다쓰 전하는 돌아가셨다."

그의 말에 지효와 세넨무트는 잠깐 동안 할 말을 잃어버린 듯 침묵했다. 그리고 그 다음은 절망감이 둘을 사로잡았다.

"으아악! 이제 우린 꼼짝없이 죽었다."

지효가 왈칵 울음을 터뜨렸다. 세넨무트도 지효를 따라 울고 싶은 심정이었다. 그러다가 문득 고개를 쳐들었다.

"비다쓰 전하께서 돌아가셨으면 카시기야는 어떻게 됐죠?"

"난 안 죽었어. 비다쓰 전하께서도 마찬가지고."

대답은 우마코의 등 뒤에서 나왔다. 우마코는 기절할 듯 놀란 얼굴로 돌아섰다. 지효와 세넨무트도 목을 길게 빼고 문밖을 바라보았다. 카시기야가 지친 숨을 토해 내는 말을 몰고 들어서고 있었다. 그리고 그녀의 품에는 죽은 듯 늘어진 비다쓰가 안겨 있었다.

카시기야는 말에서 뛰어내리며 우마코에게 소리쳤다.

"의원을 불러요! 빨리!"

비다쓰가 살아서 돌아왔다는 소식은 단번에 사방으로 퍼져 나갔다. 귀족들은 앞 다투어 우마코의 집으로 몰려들었다.

우마코는 왕성 안에 의원이란 의원은 죄다 불러들였다. 하지만 비다쓰의 상처는 이미 돌이킬 수 없을 정도로 깊었다. 의원들이 할 수 있는 일은 그다지 많지 않았다.

그동안 카시기야는 우마코의 사병들과 왕궁에 남은 병사들을 긁어모아 아나호베의 거처를 급습했다. 하지만 이미 소식을 전해 들은 아나호베는 모리야 등 그를 따르는 사람들과 함께 자취를 감추고 말았다.

"미안하다. 이 아저씨가 잠시 정신이 나갔었나 보다. 어리석게도 아나호베와 똑같은 짓을 저지르고 말았구나. 정말 면목이 없다."

우마코는 뒤늦게 지효와 세넨무트에게 사과를 했다. 그의 솔직한 말에 지효는 마음이 누그러졌다. 지효는 유난히 작아 보이는 그의 어깨를 바라보며 고개를 저었다.

"이해할 수는 없지만 용서해 드릴게요. 아저씨가 그만큼 이 나라를 아끼고 사랑한다는 뜻이니까요."

"정말 고맙다."

"하지만 다시는 이런 일 벌이지 마세요. 정말 무서워 죽는 줄 알았다고요."

지효의 말에 우마코는 열심히 고개를 끄덕였다.

우마코가 멀어지자 그때까지 옆에 서 있던 세넨무트가 말했다.

"이해할 수는 없지만 용서는 할 수 있다고?"

"응. 할 수 있어. 아니, 할 수 있을 것 같아. 누구나 한 번은 실수를 하잖아. 나도 악마와의 거래라는 엄청난 실수를 했으니까. 그러니 두 번째 기회를 드리는 게 옳은 것 같아."

세넨무트가 피식 웃으며 지효의 머리를 마구 헝클어뜨렸다.

"어쭈? 그런 말도 할 줄 알고 제법이다, 너?"

"야! 그만두지 못해? 가뜩이나 엉망인데 너 때문에 머리가 완전 까치집이 돼버리잖아!"

둘의 실랑이는 길지 않았다. 피곤한 얼굴의 카시기야가 다가왔기 때문이었다. 굳이 묻지 않아도 비다쓰의 상태가 좋지 않다는 것을 그녀의 얼굴에서 읽을 수 있었다.

"이제 어떻게 되는 거야? 역시 아나호베가 왕이 되는 건가?"

"말도 안 돼! 다른 왕자는 없어?"

세넨무트의 말에 지효가 빽 소리를 질렀다. 카시기야가 한숨을 내쉬며 털썩 자리에 앉았다.

"요메이用明, 일본의 제 31대 왕라고 다른 오빠가 있긴 해."

"그래? 그런데 왜 한 번도 못 봤지? 어디 멀리 있어?"

"아니. 왕궁 근처의 암자에 있어."

"그럼 더 잘 됐네. 잽싸게 그 요메인가 모메인가 하는 왕자를 왕으로 만들어버리면 아나호베는 완전 물 먹는 거잖아. 계속 도망 다니라고 그래."

지효가 쾌재를 부르며 말했다.

"그게 그렇게 단순하지가 않다고."

카시기야는 생각만 해도 지끈거린다는 듯 머리를 움켜잡았다.

"요메이 오빠는 어렸을 때부터 하도 병약해서 암자 밖으로 한 발짝도 나온 적이 없어. 그런 이유로 거의 존재감이 없지. 지금같이 언제 신라가 쳐들어올지 모르는 때에 요메이 오빠를 왕으로 세웠다가는 그나마 비다쓰 전하를 지지하던 귀족들도 모조리 아나호베 편이 될 거야. 최악의 경우 그가 둥지를 튼 아도에 새 나라가 세워질 수도 있어."

"그렇게 되면 영토 전쟁을 피할 수가 없겠군."

세넨무트가 우울한 얼굴로 말했다.

잠시 생각에 잠겨 있던 지효가 한숨을 길게 내쉬었다.

"아나호베가 제 발로 돌아올 리는 없겠지? 그렇게만 된다면 딱 좋을 텐데."

카시기야는 지효의 말에 눈을 번뜩였다.

"네 말이 맞아. 천재는 세넨무트가 아니라 바로 너야. 이 방법을 쓰면 아나호베가 오지 않고는 못 배길 거야."

"결혼이라니요?"

우마코는 한밤중에 느닷없이 찾아온 카시기야의 말에 깜짝 놀랐다. 하지만 한참 뒤 고개를 끄덕였다. 그리고 근심 어린 눈으로 카시기야에게 물었다.

"진심이십니까? 정말 후회하지 않으실 자신이 있습니까?"

카시기야는 입술을 질끈 깨물었다.

"선택의 여지가 없어요. 전 야마토의 왕족이니까요."

우마코는 잠자코 자신의 조카를 바라보다가 한참 만에 고개를 끄덕였다.

다음 날, 왕성 곳곳에 요메이 왕자가 새 왕이 되었다는 대자보가 붙었다. 하지만 그보다 더 사람들의 관심을 끈 것은 죽어 가는 비다쓰와 카시기야가 결혼한다는 사실이었다. 소문은 바람을 타고 순식간에 사방으로 퍼져 나갔다.

카시기야의 소식은 아도까지 전해졌다. 분노한 아나호베는 당장에 병사들을 끌어 모아 카시기야가 있는 왕성으로 쳐들어왔다. 모노노베 가문을 비롯한 배불파의 귀족들과 아도의 사내들까지 모인 그 수는 무려 일천에 달했다. 아나호베는 성난 범처럼 그들을 이끌고 왕성으로 내달렸다.

그들이 내뿜는 기세에 사람들은 대항하기는커녕 몸을 숨기기에 바빴다. 아나호베의 거칠 것 없는 행보는 말 그대로 파죽지세였다.

왕성에 다다라서도 그들은 속도를 줄이지 않았다. 간간이 그들을 저지하려는 시도가 있었지만 싸움다운 싸움을 벌이기도 전에 상대가 꼬리를 말기 일쑤였다.

"겁쟁이들!"

"요메이를 닮아 패기라고는 쥐꼬리만큼도 없구나!"

"이 땅의 왕은 아나호베 님뿐이다."

아나호베의 병사들은 꽁무니를 빼고 사방팔방으로 달아나는 적들을 뒤쫓았다. 그러는 과정에서 그들은 자연히 몇 갈래로 갈라졌다.

아나호베는 병사들의 그런 움직임도 알아채지 못한 듯 왕궁을 향해 치달렸다. 아도를 떠나는 순간부터 지금까지 그의 머릿속에는 단 하나의 생각뿐이었다.

'카시기야!'

왕궁의 문은 너무나도 쉽게 열렸다. 흥분한 아나호베는 모리야가 말릴 겨를도 없이 왕궁 안으로 뛰어들었다. 사기가 오를 대로 오른 병사들은 이미 왕궁의 주인이라도 된 양 호기롭게 고함을 지르며 왕궁의 문턱을 넘었다.

쿠웅!

마지막 병사까지 들어서자 왕궁의 문이 묵직한 소음을 내며 닫혔다. 그제야 정신이 번쩍 든 아나호베가 정신없이 주변을 살폈다. 즉위식과 결혼식 준비로 분주해야 할 왕궁 안은 소름 끼치도록 조용했다. 가을 밤 들려오는 풀벌레 소리조차 없었다. 들리는 거라고는 자신의 거친 숨소리와 말들의 투레질 소리뿐이었다.

"함정이다!"

아나호베가 버럭 외쳤다.

쉬이이익~!

동시에 높은 담장 위로 궁수들이 뛰어 올랐다. 그리고는 날카로운 휘파람 소리와 함께 화살비가 쏟아졌다. 아나호베는 재빨리 칼을 들어 화살을 쳐냈지만 대부분의 병사들은 그렇지 못했다.

"으아악!"

"크악!"

병사들은 비명을 지르며 쓰러졌다. 미친 듯 칼춤을 추듯 싸우던 아나호베의 어깨와 허벅지에도 기어이 날카로운 화살촉이 박혀 들었다.

"그만!"

아나호베가 칼을 떨어뜨리자 높고 선명한 외침이 들렸다. 어느새 굳게 닫혔던 왕궁의 문이 다시 열려 있었다. 그리고 그 안으로 갑옷으로 무장한 사람들이 들어서고 있었다. 그 선두에 선 것은 다름 아닌 카시기야였다.

"이 모든 게 너의 함정이었구나."

"그래요. 오빠가 이 땅을 피로 물들일 걸 알고 있었으니까."

"널 좋아했을 뿐이다. 내가 원한 건 처음부터 지금까지 너뿐이었어."

비틀거리는 아나호베의 발밑은 어느새 붉게 물들어 있었다. 카시기야는 입술을 질끈 깨물었다.

"알고 있어요. 하지만 오빠는 잘못된 방법을 택했어요."

아나호베의 코앞까지 다가온 카시기야는 허리에 차고 있던 칼을 뽑아 들었다. 스릉, 하며 말이 안 되도록 맑은 소리가 울렸다.

"미안해요."

카시기야는 두 눈을 질끈 감고 칼을 휘둘렀다. 아나호베는 그 칼을 피하지 않았다.

"흐으윽……."

쓰러진 아나호베를 보며 카시기야는 끝내 서러운 눈물을 터뜨렸다.
한 발짝 뒤에 서 있던 지효도 두 손으로 얼굴을 가렸다.
"짝사랑은 정말 싫어……."
세넨무트가 가늘게 떨리는 지효의 어깨를 잡아 주었다.

여왕의 자긍심을 구슬에 담아

　반란은 하룻밤 만에 토벌되었다. 아나호베가 쓰러졌다는 사실이 알려지자마자 그를 따르던 병사들의 사기는 바닥까지 떨어졌다. 카시기야는 슬픔을 억누른 채 왕성 곳곳을 누비며 반란군을 소탕했다.
　모리야는 아나호베와 운명을 같이했다. 아나호베의 가장 충직한 신하인 그의 죽음은 어쩌면 당연한 일이었다.
　카시기야는 화살에 부상당한 사람들 중 농민들은 어떤 죄도 묻지 않고 고향으로 돌려보냈다. 병사들 중에서도 죄를 가려 비교적 가벼운 죄를 지은 이들은 태형만으로 그 죄를 갚음했다.
　일부 귀족들은 카시기야의 처분이 너무 관대하다고 말했다. 일부에서는 여자이기 때문에 그렇다는 말도 흘러나왔다. 하지만 카시기야는 흔들리지 않았다.

"비극은 이미 충분히 겪었어요. 저들은 가족들에게 돌아갈 것입니다."

그런 카시기야였지만 비다쓰의 공격에 가담했거나 끝내 칼을 버리지 않고 반항하는 병사들에게는 단호했다. 그들은 하나도 빠짐없이 감옥으로 끌려갔다.

이 모든 일은 해가 머리 위를 지나 서쪽으로 뉘엿뉘엿 넘어가고서야 마무리되었다. 카시기야와 지효, 세넨무트는 지친 발걸음으로 왕궁에 돌아왔다.

왕궁에서 그들을 기다리고 있는 것은 하룻밤 사이 몰라보게 초췌해진 우마코였다. 그는 십 년은 족히 늙은 얼굴로 말했다.

"비다쓰 전하께서 조금 전 돌아가셨습니다."

장례식은 성대하게 치러졌다. 아나호베의 반란으로 흔들리고 분열된 백성들의 마음을 한데 모으기 위해서였다. 장례식 기간 동안 비어 있는 왕좌는 요메이에게 돌아갔다. 하지만 그것이 어디까지나 임시방편이라는 것은 요메이 본인이 가장 잘 알고 있었다.

담징은 카시기야가 비다쓰를 추모하기 위해 요청한 법회를 흔쾌히 승낙했다. 그의 법회는 아스카사에서 열렸다. 그리고 그것은 사람들의 머릿속에 다시 한 번 카시기야의 이름을 떠올리게 하는 계기가 되었다.

마침내 길고 긴 장례식이 끝나자마자 요메이는 정중하고도 단호하게 왕좌에서 물러나겠다고 말했다. 요메이의 뒤를 이을 왕으로 귀족들이 가장 먼저 떠올린 것은 당연히 카시기야였다.

"카시기야 공주님은 충분한 자격이 있습니다. 비다쓰 선왕보다 현명하고 아나호베보다 용감하며 그 어떤 왕족보다도 이 땅과 백성, 그리고 전통을 사랑하니까요."

가장 열렬한 지지를 보낸 것은 우마코였다. 야마토 최고의 가문인 소가 우마코의 발언은 결코 가볍지 않았다. 게다가 다른 귀족들 역시 카시기야를 반대할 생각이 없었다. 이렇게 하여 카시기야는 일본 최초의 여왕으로, 스이코推古, 일본의 제 33대 여왕라는 새 이름을 얻었다.

여왕이 된 스이코가 가장 먼저 한 일은 왕궁의 이름을 바꾸는 것이었다. 그녀의 뜻에 따라 구다라오이궁, 즉 백제대정궁百濟大井宮은 '아스카 궁飛鳥 宮'으로 바뀌었다.

스이코는 또한 수나라와 고구려, 신라의 문물을 적극적으로 들여왔다. 그 여파로 백제의 문물 일색이던 거리는 다양한 문화가 뒤섞였다. 거리는 활기가 넘쳤고 사람들은 새로운 문물을 배우고 익혔다.

구다라에 살고 있던 백제의 후손들은 당연히 스이코에게 반발했다. 하지만 스이코는 단호했다.

"이 땅은 백제의 속국이 아니며, 이곳의 백성 또한 새 문물을 접할 자유가 있습니다."

스이코의 예상치 못한 강경함에 일부 귀족들은 일본을 떠나기도 했지만 대부분은 그녀에게 굴복했다. 그리고 그 다음은 평화로운 나날이 찾아들었다.

정신을 차리고 보니 어느새 겨울이었다. 지효는 문득 자신과 세넨 무트가 이곳에 무척 오래 머물렀다는 것을 깨달았다. 그리고 이제 떠날 때가 되었다는 것도.

스이코는 지효의 그런 마음을 짐작이라도 한 듯 둘에게 산책을 권했다. 뜻밖에도 스이코가 향한 곳은 아나호베의 무덤이었다.

아나호베의 무덤은 왕족이라고 하기에는 너무 초라했다. 스이코는 한동안 나지막한 그의 봉분封墳, 흙을 둥글게 쌓아 올린 무덤을 바라보다가 문득 소매에서 짧은 칼을 꺼냈다. 그리고 자신의 손바닥을 그었다.

"스이코!"

"왜 일부러……?"

깜짝 놀라는 지효와 세넨무트에게 스이코가 말했다.

"나에게는 분명 백제인의 피가 흐르고 있어. 하지만 나는 백제의 후손이 아니라 이 땅의 여왕이야. 그 자긍심이야말로 나를 쓰러지지 않게 해 주는 힘이야. 그건 그 어떤 것보다…… 심지어 사랑보다 더 강해."

눈물 대신 스이코의 손바닥에서 붉은 피가 한 방울 떨어졌다. 하지만 그것은 바싹 마른 풀밭 위로 떨어지는 대신 막 뜨기 시작한 해처럼 붉게 빛나며 허공으로 떠올랐다. 지효는 그것이 무엇인지 잘 알고 있었다. 그것은 바로 스이코의 '자긍심'이었으며, 동시에 츠야가 잃어버린 여왕의 구슬이었다.

지효가 넓은 소매를 걷고 팔을 앞으로 내뻗자 붉은 핏방울은 허공

을 날아 팔찌의 슬롯 안으로 빨려 들어갔다.

파아앗!

동시에 눈부신 광채가 지효와 세넨무트의 몸을 휘감았다. 스이코는 그 눈부신 빛을 피하기 위해 순간 두 눈을 질끈 감았다. 감은 두 눈에서 아주 오랫동안 참았던 눈물이 흘렀다.

다시 눈을 떴을 때 스이코는 혼자 서 있었다. 스이코는 당황하지도, 놀라지도 않았다. 마치 처음부터 이곳에 혼자 있었던 것처럼.

스이코는 상처 난 손바닥을 꽉 움켜쥐며 하늘을 올려다보았다.

"오빠, 나는 그 누구보다 강하고 자랑스러운 여왕이 될 거야. 그러니까 지켜봐 줘."

아스카 문화를 꽃피운 스이코 여왕

　일본은 영국을 비롯한 몇몇 나라와 더불어 왕실이 유지되고 있습니다. 게다가 일본 역사서에는 여왕이란 단어가 빈번하게 등장합니다. 가부장적인 전통이 강한 동양에서는 꽤 놀랄 만한 일이지요?

　일본의 역사에 기록된 여왕들 중 가장 중요한 인물은 단연코 스이코 여왕입니다. 국가의 형태를 갖추기 시작한 야마토 시대, 문명이라는 것을 처음 만들었기 때문이지요.

　일본과 우리나라 사이에는 많은 사연이 있습니다. 그리고 그 대부분은 임진왜란이나 일제 강점기 등 좋지 않은 기억들이지요.

　하지만 시간을 조금 더 거슬러 올라가면 백제와 일본 사이의 친밀하고도 우호적인 인연을 만날 수 있습니다.

　백제는 일본에 많은 문물을 전파했고, 일본은 이를 바탕으로 비로소 문명을 빚어낼 수 있었습니다. 이 책에 나오는 카시기야, 즉 스이코 여왕은 그런 백제의 영향력이 가장 컸던 야마토 시대의 여왕으로, 그때까지 일본에 전파된 문물을 다듬어 아스카 문화를 창조해낸 인물입니다.

　그럼 이제부터 카시기야가 사랑한 일본에 대해 간단하게 알아볼까요?

가깝고도 먼 나라, 일본

　섬나라인 일본은 아시아에서 가장 동쪽에 위치한 나라입니다. 국제 공식 명칭은 니혼(Japan)이며, 수도는 도쿄입니다. 공식 언어는 일본어이며 화폐는 엔(yen/¥)이 통용됩니다.

　일본은 유럽이나 동남아시아의 몇몇 국가와 마찬가지로 왕실이 존립합니다. 하지만 왕실은 단지 상징적인 것으로, 국가수반은 총리입니다.

　일본의 국토 면적은 377,930㎢로 넓은 편이지만 북쪽의 홋카이도는 높은 산악 지형에 추운 기후이며, 나머지 섬들도 65%가 산악 지형입니다. 때문에, 1억 2천만 명이란 인구가 평지와 대도시에 밀집해 살고 있습니다. 수도 도쿄는 뉴욕, 홍콩, 서울과 더불어 대표적인 인구 밀집형 도시입니다.

　일본의 지리적 특징 중 가장 중요한 것이 바로 활발한 지진 활동대에 놓여 있다는 점입니다. 태평양을 빙 둘러싸는 환태평양대에 속한 일본은 주기적으로 지진을 겪어 왔고, 최근에는 강도 9.0에 달하는 엄청난 지진이 발생하여 많은 피해를 입기도 했습니다.

　지진과 더불어 화산활동 또한 빼놓을 수 없는 지리적 특징입니다. 일본의 대표적인 산인 후지산은 여전히 폭발 가능성이 있는 휴화산입니다. 하지만 그 덕분에 일본 전역에는 다양한 온천이 발달하기도 했지요.

　전자 및 전기 설비·자동차·철강 등으로 대표되는 제조업과 금융업, 만화로 대표되는 서비스업을 바탕으로 하는 일본 경제는 세계에서 가장 큰 규모를 자랑합니다.

　그 가운데 눈에 띄는 것은 원양어업입니다. 일본은 섬나라답게 생선의 소비량이 많은데 그중에서도 참치 소비량은 다른 나라와 비교할 수도 없을 정도이지요. 고래 고기 또한 일본에서 많이 소비됩니다. 그 때문에 그린피스를 비롯한 많은 환경 단체들이 일본을 비난하기도 하지요.

일본의 역사 중 일본인들이 가장 추억하는 시대는 야마토(大和) 시대입니다. 야마토는 부족 단위로 분열되어 있던 일본 전체를 통합한 최초의 국가이며, 백제로부터 들여온 불교를 처음 전파한 시기이기도 합니다. 이 시기 일본은 아스카 문화라는 독특한 문명을 만들어내며 최초이자 최고의 전성기를 맞이하지요.

이후 한반도나 중국과의 연결 고리가 끊어지며 일본에는 쇼군 정치로 대표되는 가마쿠라 시대와 무로마치 시대, 그리고 도요토미 히데요시(豊臣秀吉), 도쿠가와 이에야스(德川家康)로 유명한 에도 시대가 펼쳐집니다.

1868년, 일본은 메이지 시대를 열며 비로소 헌법을 제정하고 서양 문물을 수용하지요. 그 뒤 제국을 선포한 일본은 침략 전쟁을 벌입니다. 그리고 그 결과는 우리들도 너무나 잘 알고 있지요. 1945년 8월, 미국의 원폭 투하로 일본은 무조건 항복을 선언하고, 한국을 비롯한 동남아시아의 여러 나라에서 물러갑니다.

한국과 일본의 평행선 외교

광복 이후 한국 정부는 일본과의 관계 정리를 위해 노력합니다.

1951년 샌프란시스코 대일(對日) 강화조약의 성립과 함께 한·일 국교 정상화 회담이 열리지만 순조롭지 못하지요. 일본은 일제 강점기의 정당성과 함께 독도 영유권을 주장한 반면, 우리나라는 강점기 기간에 희생당한 사람들에 대한 배상을 요구했기 때문이지요.

일본 유명 인사들의 연이은 망언들도 회담이 깨지는 이유가 됩니다. 1953년, "일본에 의한 35년간의 한국 통치는 한국에 유익한 것이었다"는 구보타의 망언이 대표적이지요.

1961년, 우리나라에 박정희 정권이 들어서면서 회담은 급물살을 타게 됩니다. 그해 11월, 박정희와 일본 총리 이케다(池田) 간의 회담에 이어 이듬해 김종필과 오히라(大平) 간의 연락이 빈번해진 끝에 1965년 6월 22일 기본 조약과 어업 협정, 경제 협력 협정과 함께 재일 한국인의 법적 지위 협정, 문화 협정 등 5개 협정이 체결되고, 그 다음 해인 1966년에는 무역 협정, 1967년에는 항공 협정이 체결됩니다. 이후 양국 관계는 급속히 진전되어 1983년, 일본은 한국 측에 40억 달러의 차관을 제공합니다.

이후 한국 경제가 성장하며 양국은 서로에게 무척 중요한 무역 대상국이 됩니다. 이에 1993년에는 한·일 신경제협력기구(NIEP)가 설치됩니다.

경제뿐만 아니라 스포츠나 문화 교류도 활발하여 한국의 드라마는 일본에서 '한류' 바람을 일으키며 많은 사랑을 받고, 2002년에는 월드컵을 공동 개최하기도 합니다.

이렇듯 밀접한 관계를 맺고 있는 양국이지만 여전히 껄끄러운 면도 적지 않습니다. 일본은 해방 이후 지금까지 끈질기게 독도의 영유권을 주장해 오고 있으며, 동해의 표기 역시 일본해로 해야 한다고 주장하고 있습니다.

일제 강점기를 바라보는 일본 보수 인사들의 끊임없는 망언 또한 양국 갈등의 한 요인입니다. 또한 전범(전쟁 당시 범죄를 일으키는 것 또는 사람) 기업의 보상, 위안부 할머니들, 전사자 유해 발굴, 교과서를 통한 역사 왜곡 등 수없이 많은 문제들이 산적해 있지요.

스이코(推古) 여왕의 일생과 업적

　카시기야는 스이코(554~628) 여왕이 즉위하기 이전 이름으로, 긴메이 왕과 기타시 왕비 사이에서 1남 1녀 중 막내로 태어났습니다. 카시기야 공주에게는 이미 배다른 오빠인 비다쓰가 있었습니다.

　비다쓰는 현명하고 뛰어난 왕이었습니다. 두 명의 왕비가 죽은 뒤 그는 자신의 이복동생인 카시기야와 결혼식을 올립니다. 고대 일본 역시 다른 나라와 마찬가지로 근친 간의 결혼이 빈번했습니다.

　하지만 둘의 결혼은 비다쓰가 암살당함과 동시에 비극으로 막을 내립니다. 카시기야는 왕비의 자격으로 3년간 빈궁에서 비다쓰의 죽음을 애도하지요.

　카시기야가 빈궁에 머무는 동안 왕위는 카시기야의 오빠 요메이에게 넘어가지만 병약한 요메이는 금세 세상을 뜨고 맙니다.

　또다시 공석이 된 왕위를 두고 소가(蘇我)와 모노노베(物部), 나카토미(中臣) 가문 사이에 충돌이 일어납니다. 결국 소가 씨가 승리를 거두었고, 우두머리 격인 소가 우마코(蘇我 馬子)는 자신의 조카인 스슌(崇峻)을 왕위에 올립니다.

　나약한 스슌은 너무나도 막강한 우마코를 두려워하였고, 성급하게 우마코를 공격하고 맙니다. 하지만 그의 공격은 허사로 끝났고 오히려 우마코에 의해 살해당하고 말지요.

　또다시 공석이 된 왕좌를 차지한 것은 빈궁에서 나온 카시기야였습니다. 우마코의 또 다른 조카인 카시기야는 막강한 외가의 세력을 바탕으로 그때까지 사분오열되어 있던 일본을 하나로 화합시키는 데 온 힘을 다하지요. 그리고 그 수단이 된 것이 바로 불교입니다.

즉위 후, 스이코 여왕은 백제풍 일색이던 문화를 다양화하는 데 주력합니다. 백제뿐 아니라 신라와 고구려의 장인들을 불러들이고 중국과의 외교에도 공을 들입니다. 중국의 달력인 역법(曆法)도 이때 도입했고, 체계적인 관료 체계를 확립합니다. 일본의 전통 복장이라고 알려진 기모노의 초기 형태가 만들어진 것도 바로 스이코 여왕 때입니다.

이런 그녀의 모든 업적과 공적은 일본 최초이자 최고의 아스카(飛鳥) 문화가 꽃피는 단단한 기반이 되었습니다.

스스로를 믿는 스이코 여왕의 자긍심

스이코가 여왕에 오른 일은 일본 역사서에 기록된 이변들 중 손에 꼽을 수 있는 사건입니다. 스이코 이전에도 일본에는 몇몇 여성 통치자가 있다고 전해지지만 그들은 모두 허구에 가까운, 설화 속의 인물들이기 때문이지요.

문자로 역사를 기록한 이래 지배자들은 모두 남성들이었습니다. 더구나 죽은 비다쓰에게는 여러 명의 아들들이 있었기에 스이코의 여왕 등극은 불가능에 가까웠지요.

이런 분위기 속에서 왕관을 쓴 스이코였으니 아무리 일본 최고라는 소가 가문의 지지를 얻었음에도 통치가 쉽지만은 않았을 것입니다.

이런 가운데 스이코는 수많은 업적을 이루고 아스카 문화를 태동시킵니다. 그것을 가능케 한 것은 그녀의 마음속 깊은 곳에 자리 잡은 자긍심이었습니다.

자신이 일본의 여왕이라는 자긍심이야말로 스이코에게 가장 커다란 힘이었고, 무기였지요.

자긍심은 자신을 믿고 신뢰하며, 스스로를 자랑스러워하는 마음입니다.

여러분은 어떤가요?

현대 사회는 많은 것을 요구합니다. 영어와 수학 공부뿐만 아니라 피아노와 바이올린, 논술 공부까지. 어떤 학생들은 과학 경시대회에 나가야 하고, 또 다른 학생들은 방학이면 짐을 싸 들고 비행기에 몸을 싣습니다. 아마 여러분들 주변에도 이렇게 바쁜 친구들이 몇몇 있을 것입니다.

혹시 그 친구들이 부러운 적이 있나요? 자신이 뒤처진다고 느낀 적이 있나요?

그렇다면 다시 한 번 거울을 들여다보세요. 그 안에서 여러분은 세상에서 단 한 명뿐인 소중한 자신을 만날 수 있을 거예요.

여러분은 무엇이든 이룰 수 있습니다. 자신을 조금 더 아끼고 사랑해 보세요. 마법 같은 일이 벌어질지도 모르니까요.